城镇化进程中的
几个难点问题及案例研究

高世楫　程会强　等著

中国发展出版社
CHINA DEVELOPMENT PRESS

图书在版编目（CIP）数据

城镇化进程中的几个难点问题及案例研究/高世楫，程会强等著.
北京：中国发展出版社，2016.10

（国务院发展研究中心研究丛书.2016／李伟主编）

ISBN 978－7－5177－0525－3

Ⅰ.①城…　Ⅱ.①高…　②程…　Ⅲ.①城市化—建设—研究—
中国　Ⅳ.①F299.21

中国版本图书馆 CIP 数据核字（2016）第 156464 号

书　　　　名：城镇化进程中的几个难点问题及案例研究
著 作 责 任 者：高世楫　程会强　等
出 版 发 行：中国发展出版社
　　　　　　　（北京市西城区百万庄大街 16 号 8 层　100037）
标 准 书 号：ISBN 978－7－5177－0525－3
经 销 者：各地新华书店
印 刷 者：北京科信印刷有限公司
开　　　　本：710mm×1000mm　1/16
印　　　　张：15
字　　　　数：180 千字
版　　　　次：2016 年 10 月第 1 版
印　　　　次：2016 年 10 月第 1 次印刷
定　　　　价：50.00 元

联 系 电 话：(010) 88919581　68990692
购 书 热 线：(010) 68990682　68990686
网 络 订 购：http://zgfzcbs.tmall.com
网 购 电 话：(010) 68990639　88333349
本 社 网 址：http://www.develpress.com.cn
电 子 邮 件：370118561@qq.com

践行五大发展理念　发挥高端智库作用
努力推动中国经济转型升级

2016 年是"十三五"开局之年。"十三五"时期是塑造中国未来的关键五年，到 2020 年能否实现全面建成小康社会的目标，不仅是发展速度快慢的问题，更是决定中国能否抓住转型发展的历史窗口期，跨越"中等收入陷阱"、顺利实现现代化的问题。

2015 年 10 月，党的十八届五中全会通过的《中共中央关于制定国民经济和社会发展第十三个五年规划的建议》确立了"创新、协调、绿色、开放、共享"五大发展理念。2016 年 3 月，十二届全国人大四次会议通过的《国民经济和社会发展第十三个五年规划纲要》明确了新时期发展的总体思路，提出了应对国内外严峻挑战的战略性安排。

毋庸讳言，我国经济社会发展确实面临着一些前所未遇的困难和挑战，诸如：劳动年龄人口绝对量下降，老龄化问题日益显现，传统产业和低附加值生产环节的产能严重过剩，粗放式发展产生的生态环境问题逐渐暴露，以创新为驱动力的新增长动力尚未形成，社会对公平正义的诉求日益增强，等等。但与此同时，也应该客观地看到，我国的发展依然有着巨大的潜力和韧性。城镇化远未完成，欠发达地区与发达地区间存在明显的发展差距。这意味着，在当前和未来相当长的时期内，投资和消费都有很大的增长空间。我国产业体系完备、人力资本丰富、创新能力正在增强，有支撑未来发展的雄厚基础和良好条件。目前经济增长速度呈现的下降态势，只是经济结构转型过程中必然出现的暂时现象，而且这一态势是趋缓的、可控的、可承受的。随着结构调整、经济转型不断取得进展，我国经济将在新的发展平台上实现稳定、持续的中高速增长。

正是基于各种有利因素和不利因素复杂交织、相互影响的大背景，我们认为，中国的现代化已经进入转型发展重要的历史性窗口期，如果不能在窗口期内完成发展的转型，我们就迈不过"中等收入陷阱"这道坎，现代化进程就有可能中断。

中央十分清醒地认识到这一点，并对转型发展进行了周密部署。概言之，未来五年，为了推动经济转型、释放发展潜力，我们将以新的发展理念为统领，依照"十三五"规划描绘的蓝图，通过持续不断地深化改革和扩大开放，建立新的发展方式，形成创新驱动发展、协调平衡发展、人与自然和谐发展、中国经济和世界经济深度融合、全体人民共享发展成果的发展新格局。

推动经济转型升级，形成发展新格局，需要从供给和需求这两侧采取综合措施，在适度扩大总需求的同时，着力加强供给侧结构性改革，转变发展方式，促进经济转型。我国经济发展正处于"三期叠加"的历史性转折阶段，摆在面前的既有周期性、总量性问题，但更突出的是结构性问题。在供给与需求这对主要矛盾体中，当前矛盾的主要方面是在供给侧。比如，在传统的增长动力趋弱的同时，新的增长动力尚难以支撑中高速增长；产业结构资源密集型特征明显，对生态环境不够友好；要素在空间上的流动还不够顺畅，制约了城乡、区域协调发展；对外经济体制不能完全适应国际贸易投资规则变化的新趋势等。因此，去年以来，中央大力推进供给侧结构性改革，重点落实"三去一降一补"五大任务，用改革的办法推进结构调整，提高供给结构对需求结构变化的适应性，努力提升经济发展的质量和效益。"十三五"规划亦把供给侧结构性改革作为重大战略和主线，旨在通过转变政府职能、发展混合所有制经济、增强市场的统一性和开放性、健全经济监管体系等，促进资源得到更合理的配置和更高效的利用，提高生产效率，优化供给结构，为形成发展新格局奠定坚实的物质基础。当然，这里要强调的是，注重供给侧结构性改革，并非不要进行需求管理。我们还将采取完善收入分配格局、健全公共服务体制等措施，推动社会实现公平、正义，并为国内需求的增长提供强力支撑，使需求和供给在更高水平上实现良性互动。

当前，国务院发展研究中心正在按照中央的要求和部署，积极推进国家高端智库建设的试点工作，努力打造世界一流的中国特色新型智库。作为直接为党中央、国务院提供决策咨询服务的高端智库，我们将坚持"唯真求实、守正出新"的价值理念，扎实做好政策研究、政策解读、政策评估、国际交流与合作等四位一体的工作，为促进中国经济转型升级及迈向中高端水平、实现全面建成小康社会的宏伟目标做出应有的贡献。

这套"国务院发展研究中心研究丛书2016"，集中反映了过去一年我们的主要研究成果，包括19种（20册）著作。其中：《新兴大国的竞争力升级战略》（上、下册）和《从"数量追赶"到"质量追赶"》是中心的重大研究课题报告；《新形势下完善宏观调控理论与机制研究》《区域协同发展：机制与政策》等9部著作，是中心各研究部（所）的重点研究课题报告；还有8部著作是中心资深专家学者或青年研究人员的优秀招标研究课题报告。

　　"国务院发展研究中心研究丛书"自2010年首次面世至今，已是连续第七年出版。七年来，我们获得了广大读者的认可与厚爱，也受到中央和地方各级领导同志的肯定和鼓励。我们对此表示衷心感谢。同时，真诚欢迎各界读者一如既往地关心、支持、帮助我们，对这套丛书以及我们的工作不吝批评指正，使我们在建设国家高端智库、服务中央决策和工作大局、推动经济发展和社会进步的道路上，走得更稳、更快、更好。

国务院发展研究中心主任、研究员

2016 年 8 月

目录

按生态文明要求推进新型城镇化建设的
思路与对策

　　"十三五"规划对推进新型城镇化做出了明确部署，要求坚持以人的城镇化为核心，以城市群为主体形态，以城市综合承载能力为支撑，以体制机制创新为保障，加快新型城镇化步伐。同时，要求转变城市发展方式，提高城市治理能力，加大"城市病"防治力度，不断提升城市环境质量、居民生活质量和城市竞争力，努力打造和谐宜居、富有活力、各具特色的城市。

　　进入新世纪以来，我国城镇化进程一直保持较高速度。按照常住人口计算的城镇化率，2015年为56.1%，2020年预计达到60%，也就是每年城镇常住人口将增加1000万人左右。城镇化的本质是生产活动和人口分布在地域上的集聚，表现为产业集聚、人口集中、经济结构转变、消费活动增强等，伴随这个过程的是资源大量消耗和污染物集中排放增加。目前我国城镇化进程进入新的历史阶段，所面临的资源环境瓶颈日渐突出，各种"城市病"不断出现，如城市交通拥堵、环境污染严重、各种"邻避"现象发生频繁、"垃圾围城"转移矛盾、部分城市房价畸高、城市发展中出现"能源荒"等问题等。由于现代化表现为城镇化，城镇化的进程和质量决定了我国现代化的进程和质量。所以，我们必须转变原有城镇化道路，要走新型城镇化道路，这就要求我们在关注经济增长速度的同时，更要注重城市发展质量的全面提升，充分考虑城市的资源环境承载能力，发展有持续经济竞争力的产业，实现城市有序、健康和可持续发展。为此，国家 2014 年颁布了《国家新型城镇化规划（2014—2020 年）》，国务院 2016 年提出了《国务院关于深入推进新型城镇化建设的若干意见》。2016 年全国人大通过的"十三五"规划，围绕城市规划布局、人口转移、和谐宜居城市建设、住房供应、城乡协调等重大方面，对新时期推进新型城镇化的原则、路径、制度建设、试点、重大工程等做出了规划部署。

从我国实现绿色发展、建设生态文明的战略方向看，建设和谐宜居城市是加快推进生态文明建设的必然要求。《中共中央国务院关于加快推进生态文明建设的意见》明确提出，要大力推进绿色城镇化，根据资源环境承载能力，构建科学合理的城镇化宏观布局，强化城镇化过程中的节能理念，推进绿色生态城区建设。生态文明建设的目标是实现人民富裕、国家富强、中国美丽，这与新型城镇化建设的目标高度一致。未来的新型城镇化建设要融入生态文明建设理念，实现人与自然、人与城市的和谐发展。

一、新型城镇化与生态文明建设相辅相成

目前，我国正处在城镇化进程加速发展的阶段，同时正处于实现绿色发展、建设生态文明的重要阶段。注重城镇化质量、实现城市可持续发展，这既是我国全面建成小康社会的要求，也是加快推进生态文明建设的重要内容。坚持生态文明理念，将生态文明理念融入城镇

化的进程中，才能使城镇化进程向着健康城镇化、生态城镇化以及可持续城镇化发展。为此，必须坚持绿色发展理念，按照生态文明建设的要求，建立和完善与城镇化相关的制度，构建生态文明理念融入城镇化过程的长效机制。

（一）将生态文明理念融入新型城镇化势在必行

新世纪以来，全球经济社会发展格局已发生重大变化，影响我国经济社会持续发展的不确定因素骤然增加。国内各种生产成本的上升、其他发展中国家在低技术产业领域竞争力的提高，使我国的经济发展以及城镇化面临的挑战也越来越多。首先，不断深入的全球化是一把双刃剑。一方面，自改革开放以来，中国凭借土地和人力低成本、丰富的各类资源成为"世界工厂"，国内生产总值和综合实力不断上升；另一方面，国内土地、劳动力成本等的不断上涨，促使部分劳动密集型产业开始向周边国家和地区迁移；各项资源储量日趋下降导致以资源采掘为主的资源依赖型产业开始衰退，中国已出现了数批"资源枯竭型"城市。其次，随着国内老龄化的加速和人口红利逐步消失，之前的劳动密集型产业优势开始减弱，经济发展要素投入面临不足。新型城镇化亟须摆脱土地、资源和人口的三重依赖，必须走可持续发展的道路。其次，中国未来的城镇化发展面临诸多不确定需求。一方面，长期依赖出口和投资的国内经济贸易正遭遇全球经济动荡的威胁，美国经济复苏缓慢、欧盟局势动荡、日本持续低迷，这些都给未来出口经济和海外投资带来较大不确定性；另一方面，随着经济的发展，人们对于改善生活质量和高端消费的需求越来越大，长期以经济和物质建设为主的中国城镇化模式正面临着从外向型向内向型转变的挑战。因此，新型城镇化务必以改善人民生活质量为基本要义，以人为本，从而有助于刺激内需，激活本地经济。

城镇化的实质是非农产业向城镇集聚，农村人口向非农产业和城镇转移、农村地域向城镇地域转化，城镇规模不断扩大、城镇生产生活方式和城镇文明不断向农村传播扩散的历史过程。提高城镇化的质量，需要以生态文明理念为指导。生态文明作为一种理念和文明形态，强调建立人与自然和谐共处、良性互动和可持续发展，主张建设以资源环境承载力为基础、以自然规律为准则、以可持续发展为目标的资源节约、环境友好型社会。因此，将生态文明融入城镇化过程不仅具有理论上的意义，更具有现实意义，它为城镇化可持续发展提供指导和方法论。

首先，在价值理念上，生态文明要求城镇化过程必须尊重自然、顺应自然和保护自然，努力构建城镇的生态文化、提高城镇居民的生态意识、倡导社会生态道德等生态文明理念的牢固树立。

其次，在社会实践上，生态文明要求城镇化实现资源高效集约节约利用、环境保护、社会和谐。在利用自然的同时又保护自然，形成人类社会可持续的生存和发展方式，要求城镇化从一个区域整体的角度考虑人与自然的平衡，强调大城市、中小城市和小城镇之间的功能协调互补，注重地区各自的主体功能的发挥。同时，要对城镇内部进行合理的功能规划，必须使城镇内部的交换从线性的、单通道的模式变成多循环的、仿生的模式，使大、中、小城市以及城镇之间既有交换的外循环，也有交换的内循环，甚至还有微循环。

最后，在时间维度上，生态文明是一个动态历史过程，城镇化也是一个动态历史过程。因此，将生态文明融入城镇化过程不能只看当前，要看得更加长远。生态文明不断地从低级向高级进步，所以认识生态文明融入城镇化过程必须要有辩证的观点、历史的观点和与时俱进的观点。要实现这两个历史过程的同步协调发展。生态文明融入城镇化过程也不是一劳永逸的过程，这是一个不断实践、不断认识和不断解决矛盾的过程，而且随着内外环境的变化，出现的矛盾也会变得越来越复杂和多样，这就更加需要用发展的历史观来认识生态文明指导下的城镇化规律和内涵。

（二）城镇是生态文明建设的主阵地

从生态学角度看，城镇化过程意味着自然原始生态系统的减少和人工生态系统的扩张。比起农业社会时期的农村生态系统，现代城市是一个典型的人工生态系统，是一个更需要人类进行科学规划和精细管理的自然、经济、社会复合的复杂生态系统。从生态环境或生态文明建设的角度来看，城镇化对生态文明建设产生着双重影响。

城镇是环境污染和生态破坏集中爆发的空间区域。城镇化对生态环境的破坏主要表现在以下几个方面。一是对大气环境的影响。这包括大气污染和气温变化，城市烧煤供暖、汽车尾气、工业企业、建筑工地等造成的排放，使城市空气污染日益严重，城市中化石能源的燃烧使用导致温室气体排放增加。二是对水环境的影响。这包括水资源短缺、生活废水大量排放、城市水体黑臭恶化、饮用水源污染、城市内涝等水环境问题，城市人工环境干扰了自然界水分循环，从而加重了城市水环境突发事件的产生。三是对自然生态的影响。城市的扩张侵占了有限的土地资源，侵占了更多耕地和动植物栖息地，改变了土地的原有生态面貌，对气候、生物多样性等均产生重要影响。四是固体废物排放的影响。城市生产生活中产生的工业固体废物、医疗废物、生活垃圾等，若未能进行安全处理处置，会形成环境污染，危害到城市的可持续发展。五是来自噪声、电磁和光污染的影响。交通噪声、工业噪声、建筑施工噪声、社会生活噪声等严重影响着城市居民的身体健康和生活质量。

城镇化是有利于加快推进生态文明建设的过程。西方国家生态城市的成功实践证明,遵循自然规律的城镇化过程,不仅实现了城市持续发展,也实现了人与自然的和谐,促使城市走上了可持续发展道路。简单地讲,由于规模经济和范围经济,城镇化使人类对生态环境的整体影响最小:在现代化支撑人类高消费条件下,城镇化使按照人均水平的土地能源消耗、污染排放、碳排放等都大大低于人类分散居住的水平(详细分析见 Meyer,2013)。更进一步地讲,城镇化对生态环境的正效应可概括为以下几个方面。一是节能减排效应。城镇化的产业集聚效应以及集中供水供暖设备等,能够避免能源分散利用而带来的低效率、高成本。二是人口集聚效应。城市中人口适度集中,不仅有利于解决劳动力就业问题,也有利于土地集约高效利用,以释放更多耕地和生态保障空间。三是文明教育效应。产业和人口的集聚还利于相互学习,有助于开展环境教育以提高人们的环境意识和环境实践能力。四是污染集中治理效应。城市在污染物、废弃物集中治理方面具有相对优势。废弃物的过于分散不仅会加大治理的成本,也不利于废弃物的有效回收利用。总而言之,无论从生态环境问题最严重的空间区域来看,还是从对生态环境的作用力最大的角度来讲,城镇都是我国着力推进生态文明建设的重要空间场所。

(三) 生态文明建设是推进新型城镇化的重要动力

生态文明建设是新型城镇化的题中应有之义,也是推进新型城镇化的关键所在。着力推进绿色发展、低碳发展、循环发展,集约高效利用资源能源,控制温室气体的排放,提高居民的生态文明意识,是新型城镇化不可忽视的重要内容，同时也是推进新型城镇化的重要保障和内生动力。

生态文明建设是新型城镇化的基本内容之一。新型城镇化就是按照统筹城乡、布局合理、节约土地、功能完善、以大带小的原则，采取市场主导、政府引导的推动机制，实现城镇化与工业化协调发展，信息化和农业现代化良性互动，大、中、小城市和小城镇的合理布局与协调发展，形成以资源节约、环境友好、经济高效、社会和谐、城乡一体的集约、智慧、低碳、绿色的城镇化发展道路。显而易见，新型城镇化包涵城乡一体、产城互动、基础设施普及、农民工的市民化、经济结构的调整、人居环境的改善、集约、低碳、智慧、绿色、和谐、可持续发展等内容。因此，树立尊重自然、顺应自然、保护自然的生态文明理念，加强节能减排，推动生产方式和消费方式的根本转变，发展循环经济和清洁生产，加强居民的环保意识、生态意识，形成合理消费的社会风尚，营造爱护生态环境的良好风气等生态文明建设重要内容，也是推进新型城镇化的重要保障和关键内容。

生态文明建设是新型城镇化的内生动力之一。生态文明建设对新型城镇化的推动作用表现为以下几方面：一是生态文明建设为新型城镇化创造了新的发展动力。发展环保产业、新材料产业、可再生能源产业和清洁能源产业将成为新型城镇化发展的新动力。正确引导生产要素向这些领域集聚，将会创造更多就业岗位，促进产业结构优化升级，形成可持续发展的城镇化前景。二是生态文明建设是新型城镇化建设的重要投资来源。在新型城镇化过程中，不仅要注重产业生态化和新能源产业发展，也要加强污水处理、生活垃圾处理、城镇供排水、防涝、雨水收集利用、供水、供热、供气等城市基础设施的投资，这将成为新兴城镇化的重要投资来源。三是城市居民对良好生态产品的需求是加快新型城镇化的直接推动力。经过三十多年的改革开放，人们的物质生活水平得到极大提高，对生活质量以及良好生活环境产生了更高的要求。这就要求在新型城镇化过程中，城市政府要加大城市生态修复工程，增强城市生态产品生产能力。这将成为推进新型城镇化健康发展的重要引擎。

二、我国新型城镇化进程中亟须破解的资源与环境问题

改革开放三十多年来，我国城镇在国民经济中的主体作用日益突出，城镇人口规模及区域进一步扩大，大、中型城市数量逐年增加。尤其是近几年，我国城镇进入快速发展时期，城镇化率由 2000 年的 36.2% 发展到 2015 年的 56.1%（图 1），城镇人口由 1978 年的 1.72 亿人增加到 2015 年年底的 7.7 亿人。我国经济社会发展已经进入一个以城镇为主体的竞争时代，城镇化速度比发达国家的历史同期快得多。英国城市化水平从 26% 提高到 70% 约用了 90 年，法国从 25.5% 提高到 71.7% 用了 110 年，美国从 25.7% 提高到 75.2% 用了 120 年，而我国城镇化水平从 25% 提高到 70% 预计只需要 50 年。

中国城镇化水平带来环境污染的定量测算。中国城镇人口基数巨大，城镇化水平每提高 1 个百分点，新增加的污水、固废排放等都将带来新的巨大环境压力。按照 2010 年的城镇人口数据，城镇化水平每提高 1 个百分点，生活污水排放将新增 37980 万吨（按城镇生活污水年排放量 57.06 吨/人估算）；城镇生活垃圾产生量将新增 293 万吨（按人均年产生量 440 公斤估算）；城镇工业固废产生量将新增 2.41 亿吨（按人均年产生量 3.62 吨估算），并会导致生态环境质量综合指数下降约 0.0073。如果自 2011 年起，城镇化率年均增长 1.857%，则到

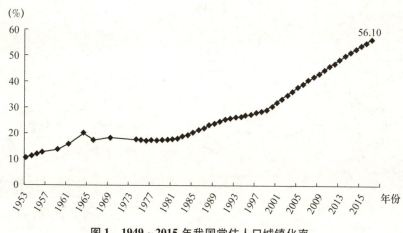

图1　1949～2015年我国常住人口城镇化率

资料来源：Wind 资讯。

2020 年中国内地城镇人口将达到 8 亿，十年间将累计新增污水排放量 410 亿吨左右、生活垃圾 3.164 亿吨左右、工业固废 26.03 亿吨左右。

城镇化成为扩大内需、调整产业结构、转变生产方式、推动经济社会发展的强劲动力，同时，高速城镇化也带来了严重的环境污染和生态破坏，需引起重视。

（一）城市资源能源消耗巨大

1. 城市建成区面积不断扩大，城市建设占用耕地面积

我国城市建成区面积由 1981 年的 7438 平方公里扩大到 2014 年的 5 万平方公里。城市建设不断占用耕地面积，2001～2014 年我国平均每年城市建设占用耕地面积为 749 平方公里（图 2）。近年城市建设占用耕地面积有下降态势，但仍比 2001 年高出 302 平方公里。

2. 城市缺水和城市水资源分配不合理并存

我国人均水资源量逐年降低。全国人均水资源量由 1999 年的 2251 立方米/人下降到 2014 年的 1999 立方米/人，伴随着城镇化的进展，城市结构性缺水已成为一个重要问题。城市是人口分布、资源消

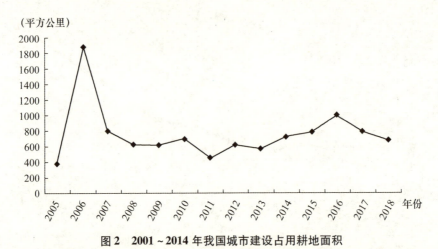

图2　2001～2014年我国城市建设占用耕地面积

资料来源：中国经济数据库。

耗和环境污染的集中区域，城市人口增长与地区产业发展加重了局部水资源和环境负荷。目前，我国660个城市中有400多个受到水资源短缺的制约，110多个严重缺水。城市缺水导致地下水超采和地下水位下降，瞬发地面沉降，特别是在城镇化发展快、人口和城市密集的东部沿海地区尤其严重。

城乡水资源分配不公平现象日渐突出。先城市后农村、先工业后农业的思想使城市生产及生活用水一直放在优先的位置。2014年，我国城镇人均生活用水量（含公共用水）213升/天，农村居民人均生活用水量81升/天。由于城市地区区域小，当地水资源量少，而用水量和用水要求高，导致城市地区大量地从农村地区取用水资源，大量的原农业供水工程转变供水目标，改向城市地区供给。

3. 城市能源消耗巨大，能源转型面临压力

全国能源消费总量高位趋缓，能源清洁低碳转型面临压力。《BP世界能源统计年鉴2015》显示，2014年中国（包括香港、台湾地区）一次能源消费量3111.6百万吨油当量，占全球能源消费的24.1%，接近当年欧盟能源消费量的2倍。国家统计局数据显示，2000年以来我国能源消费以年均 7.3% 的速度增长，尽管 2015 年能源消费仅增长 0.9%，但能源消费总量仍在扩大。能源结构转型仍面临压力。2015 年我国煤炭消费量占能源消费总量的 64.0%，水电、风电、核电、天然气等清洁能源消费量占能源消费总量的 17.9%。优质能源发展受煤炭和煤电产能过剩挤压，弃风、弃水、弃光等现象突出。2015 年全国"弃风"现象加剧，平均"弃风率"15%，较上年增加 7 个百分点，一些地区甚至接近 40%；西部地区光伏发电"弃光"现象也较突出。

农村居民生活用能增长势头较快。改革开放初期，城镇居民人均生活用能量高达 274.5 千克标准煤，是农村居民的 4 倍（图 3），接着出现较快下降，到 2001 年下降到 140.4 千克标准煤，是农村居民的 2.6 倍，城镇和农村居民人均生活用能水平的相对差距明显缩小。

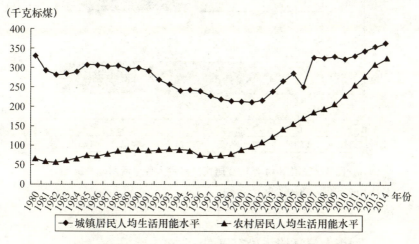

图 3　我国 1980~2014 年城乡人均生活用能变化趋势
资料来源：中国能源统计年鉴。

自 2001 年以来，城乡居民人均生活用能均呈现出较快增长的趋势，但城乡居民人均生活用能水平差距依然很大。到 2014 年，城镇居民人均生活用能为 364 千克标准煤，农村居民人均生活用能为 325 千克标准煤，超出 12%。但是，从长期看，在相同的收入水平或相同的支出水平，农村居民的人均能耗要低于城镇居民的能耗。我们可以从美国、日本、欧洲等发达国家的相关数据得到佐证。

目前，城镇居民生活用能格局正由"以煤为主"转变为"以清洁能源为主，煤炭为辅"，农村居民生活用能中电力、石油比重逐渐增加，但仍以煤为主。1986年以来，城镇生活用能中的煤炭消费量明显减少，煤炭消费的比重明显降低。煤炭比重从1986年的89%下降至13%，而天然气、热力、电力已成为城镇生活用能的主体，占到生活用能总量的50%以上，城镇居民生活能源消费格局已由原来的"煤炭为主"变成"以清洁能源为主，煤炭为辅"。

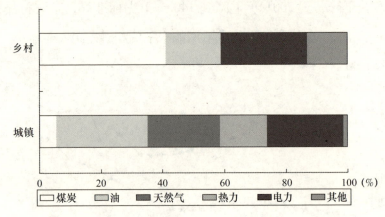

图4　我国2014年城乡居民分品种人均生活用能情况

资料来源：中国能源统计年鉴。

（二）城市大气环境污染突出

城市群已成为中国区域发展的主要空间形式，人口密度高、工业强度大、膨胀速度快等原因造成城市污染缓冲距离减少，主要大气污染物排放量急剧增加。同时，大气环流及大气化学的双重作用，导致污染物跨界传输和影响加重，使得我国区域大气环境质量整体呈恶化趋势，并由传统煤烟型污染转向以臭氧、细颗粒物和酸雨为特征的区域性复合型大气污染。其中，西部城市群仍以煤烟型污染为主，中东部地区主要为复合型大气污染，尤以京津冀、长三角、珠三角与山东城市群为代表。与过去50年相比，复合型大气污染导致能见度大幅度下降，特别是中东部地区和东北地区能见度降低幅度和范围显著增大。

PM2.5污染较严重，重污染天气频发仍未得到遏制。2013年6月以来，我国主要城市开展PM2.5监测，连续三年的监测数据显示，我国PM2.5较严重，达标城市的比例约为10%。2015年我国74个城市、京津冀、长三角、珠三角的PM2.5月均浓度分别为55微克/立方米、77微克/立方米、53微克/立方米、35微克/立方米，只有珠三角达到国家PM2.5二级标准（图5）。2015年年底和2016年年初，京津冀地区连续发生了3次空气重污染突发事件，北京PM2.5实时浓度最高值达到了900微克/立方米。

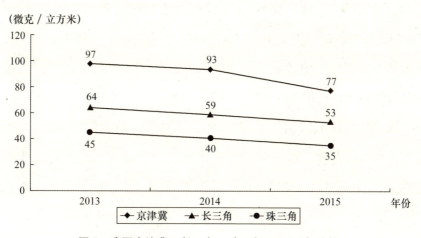

图5　我国京津冀、长三角、珠三角PM2.5年均值

资料来源：中国经济数据库。

整体酸雨减少，但长三角和中部地区酸雨强度增强。近年来，在脱硫设施等措施的控制下，我国南方酸雨面积有一定的减小。但随着

局部能源活动强度的增加，我国长三角地区和中部城市群地区酸雨强度逐年增加。

（三）城市垃圾围城形势严峻

我国城市固体废弃物具有产生源分布广泛、对生态环境和人体健康危害大、性质复杂、被抛弃后不易找到所有者等特点。固体废弃物已经成为环境的主要污染源之一，其污染特点是种类繁多、成分繁杂、数量巨大。我国对固体废弃物污染控制起步较晚，虽然近年在固体废弃物的处理利用方面加强了技术研发和应用，取得一定治理进展，但与欧、美、日等发达国家相比，固体废弃物治理整体水平还很低，处理、处置技术还远远不能满足人民群众对良好生态环境的需要。

2000～2014年，我国工业固体废物产生量不断增加。工业固体废弃物产生量从2000年的816.077百万吨增长至2014年的3256.200百万吨，增长了三倍多（图6）。工业固体废物综合利用量从2000年的374.512百万吨增加至2014年的2043.302百万吨。虽然工业固体废物产生量不断增加，但随着固体废弃物处理处置水平的提高，固体废弃物排放量从2000年的31.862百万吨下降至2014年的0.594百万吨。

城市生活垃圾清运量从1996年的108.254百万吨增长至2014年的178.602百万吨，增长了65%。生活垃圾无害化处理率在近十年内得到了较高提升，从2003年的51%增长至2014年的92%，尤其是"十一五"期间，生活垃圾无害化处理率增加了25.4个百分点。

固体废弃物会对大气环境、水环境和土壤环境造成污染。在适宜的水分、温度下，固体废弃物在经过一定时间的堆放后，废弃物堆中的一些有机物会分解出有害、有异味的气体，直接污染大气环境。一些堆放的固体废弃物在雨水的冲刷下，可通过土壤渗到地下或随雨水

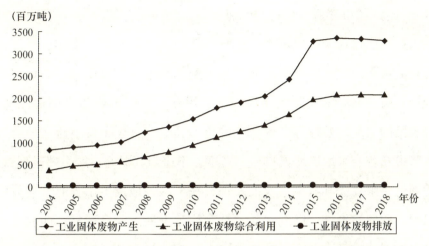

图6　我国工业固体废物产生量、综合利用量和排放量

资料来源：中国经济数据库。

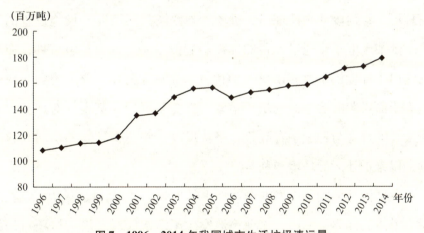

图7　1996~2014年我国城市生活垃圾清运量

资料来源：中国经济数据库。

流入江河湖海，给水体造成很大的破坏和污染。有毒的固体废弃物经过一段时间的风化后，固体废弃物渗出的有毒气体会使土壤和土质的结构发生改变，使土壤受到严重的污染。如一节废镍铬电池在地里腐烂，能使一平方米的土地失去使用价值，在酸性土壤中这种危害尤为严重，在食物链的富集化作用下最后进入人体而危害人体健康。

（四）城市邻避事件日益凸显

在现代化与城市化进程中，政府部门为提升社会、文化、经济等的服务水平而配置的社会公共服务设施，其中有部分设施，如垃圾处理场、核能电厂等既服务于广大地区民众，又有可能污染周边环境，对居民的生活、心理等产生一定的负面影响，以至于设施所在地周边地区民众普遍采取厌恶或排斥的态度，不愿与其毗邻，产生邻避现象。随着近年来社会和城市建设的发展，在全国各地发生了多起邻避设施引起的群体性事件，已成为影响社会稳定发展的不良因素，同时也为城市发展建设带来新的问题和挑战。

在美国也出现了越来越多的环境抗争事件。从最初人们对废弃物清理场、毒性废弃物处理站、机场、监狱等"污染性"设施设置的反抗，到如今电子化通讯设备的铺设引起的一系列冲突抗争事件，充分反映出了环境抗争对城市发展的挑战。加拿大曾发生反对为弱智或残障人士而设置的住宅区的抗争运动，部分社区居民甚至反对加拿大政府推动的社会与种族融合政策，坚持反对一些"正常"的房屋兴建计划，以维护社区的环境和利益。

我国因环境问题引发的群体性事件也越来越多，仅 2009 年就在北京、上海、江苏、广州、深圳等地发生了多起反对垃圾焚烧项目的群体性冲突事件。2011 年 8 月，大连 PX 事件引起了广泛关注。这些问题对我国公共设施的选址和建设，公共政策的制定和执行等都提出了挑战。公共设施的本意是为了提升城市生活的品质，满足城市居民在运输、医疗、教育和卫生等方面的需求，是一种普遍意义上的福利设施。但是由于化工厂、污水处理厂、垃圾处理厂、火电厂、核能发电厂、变电站等设施的负外部性，社区居民都反对将这类设施建设在自己家园附近，于是产生了越来越多的邻避冲突。城市的可持续和健康发展关系到每个人的切身利益。"邻避问题"的产生有其制度化和非制度化的因素，但不可否认的是"邻避"造成的社会冲突影响着城市化进程，是亟待解决的关键问题。

（五）城镇污染向农村转移扩散

污染企业向农村转移。在高速城镇化过程中，城镇土地日益稀缺，价格迅速上升，"生态门槛"也不断提高，大量污染企业为降低生产成本向郊区与农村迁移。由于排污收费与处罚费用低、污染受害人司法维权难、地方保护主义多、农村环保不受重视等原因，污染企业迁移到农村后很少进行治污设施投资，加剧了农村水、土壤与大气环境的污染，导致很多受污染地区农村居民饮用水、农作物、空气受到污染，疾病发生率也不断增加。据不完全统计，到 2010 年确认的"癌症村"有 33 个。2000～2008 年，与环境污染相关度较高的肺癌在城市和农村发病率分别上升 29.38% 和 47.73%；与环境污染相关度较高的肝癌在城市和农村发病率分别上升 13.04% 和 17.12%。1997～2005 年，我国因环境问题上访者每年增加 30%，其中大部分发生在农村。

城市污染向农村转移。在高速城镇化过程中，我国很多城镇生态系统不堪重负，逐渐将污染物直接向农村转移。一是大量未经处理或虽经处理但不达标的工业废水与生活污水排入江河（据估算，2000～2010 年未经处理的污水累计排放量超过 2000 亿吨），引起农业灌溉用水和农村居民饮用水被污染；二是 90% 以上的城市垃圾在郊外或农村堆放或填埋，截至 2011 年累计堆放或填埋量超过 60 亿吨，逐渐污染农村的水、土壤与大气环境。

三、城镇化进程带来资源环境压力的成因分析

（一）经济发展阶段和城镇化推进阶段环境的影响

国际经验显示，城镇化大致呈"S"形曲线变化的三个阶段。诺瑟姆（Northam）于1979年提出城镇化"S"形曲线发展理论，其后很多学者在此基础上使用Logisitic增长模型模拟世界各个国家城镇化过程。城镇化进程大体分为三个阶段：城镇化水平较低且发展缓慢的初始阶段、城镇化水平快速上升的加速阶段、城镇化增速趋缓至停滞的终极阶段。

韩国等后发国家的经验更适用于中国。我国城镇化在1979年（城镇化水平为19.99%）左右开始进入加速阶段，2015年城镇化率达到了56.1%，已处于城镇化加速阶段中的增速相对缓慢阶段，进入70%左右的第三阶段还需要15~20年左右时间。

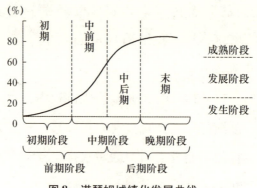

图8　诺瑟姆城镇化发展曲线

诺瑟姆城镇化发展曲线表明，发达国家的城市化大体上都经历了类似稍被拉平的"S"形曲线的上升过程，这个过程包括两个拐点：当城镇化率在30%以下时，经济发展处于较为缓慢的初期起步阶段；当城镇化率超过30%时，出现第一个拐点，经济发展处于中期快速发

展阶段；城镇化率超过70%后，出现第二个拐点，经济发展再次趋于平缓，进入后期稳定发展阶段，这时国家也基本实现了现代化，进入到后工业社会。经进一步论证，把城镇化率发展到30%～50%称之为城镇化加速发展阶段的中前期，发展到50%～70%称之为城镇化加速发展阶段的中后期。在城镇化过程中，越发展到后期阶段，社会分工日益深化，农村人口迁往城镇的数量趋于减缓，对城镇化质量的要求越来越高。

2015年我国城镇化率为56.1%。与此同时，我国城镇发展还呈现出如下几个特征：第一，在GDP中第三产业增加值所占比重超过第二产业，2014年第三产业所占比重为48.2%，第二产业为42.6%，这意味着城镇吸纳就业的能力变强，更需要推进以农民市民化为核心的人本城镇化；第二，中国经济增长速度进入换挡期，GDP增速由改革开放以来的8%以上减缓至7%时代，这意味着城镇化不能单纯地依靠经济扩张来拉动，而应该向品质型城镇化转型；第三，农村剩余劳动力减少，城乡收入差距逐步缩小，刘易斯拐点越来越近，这意味着城镇化必须更加重视城镇的品质；第四，由于之前粗放型的发展方式带来的环境问题越发严重，雾霾天气、废水、垃圾围城等问题急需解决，这意味着城镇化应向低碳环保绿色转型；第五，城市数量增加减缓，中国城市数量1978年为193个，之后快速增加到1998年的668个，之后缓慢减少至2014年的664个，这意味着城镇化的质量日益受到重视。因此，从城镇化率和城镇化发展特征两方面表明，我国已经进入了城市加速发展的中后期阶段。

研究表明，城镇化率增长与经济增长存在着明显的线性关系，城镇化率每提高1%，对应国内GDP增速提高0.7%～0.8%。2014年我国GDP约合10.4万亿美元，同比增长7.4%，人均GDP约为7485美元，我国已经进入了工业化的中期阶段。我国国民经济和社会发展正处于城镇化加速发展和转型的重要战略机遇期，这一时期既面临着加速发展带来的资源需求加大、环境破坏加剧等环境问题，又要应对发展过程中存在的基础设施不完善等社会问题。城镇化进程由追求规模向追求质量的转变，生态文明理念成为我国推进新型城镇化的必然选择。

各国城镇化发展经验显示，发达国家城镇化率超过70%后，人均国内生产总值上升陡线大幅提高，城镇化率明显减缓，表明经济增长方式发生重大变化。面对城镇化发展的失序及所面临的生存与健康危机，需要清晰认识到"新型城镇化道路"不应继续过度关注数量和速度的快速增长，而应更加注重质的全面提升；以环境友好、资源节约作为新型城镇化道路的两个基本准则；把生态文明贯穿于新型城镇化发展各个领域且作为总体理念和建设纲领，才能解决城镇化进程中资源短缺、环境污染等城市病，走出一条具有中国特色且可持续的新型城镇化发展之路，这必将对我国和世界产生重要影响。

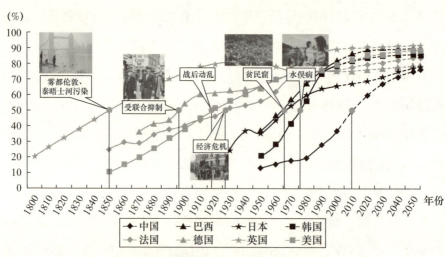

图9 世界主要国家城镇化发展趋势与城市病出现的时间

　　按照国际城市发展经验教训，城镇化率逾越 50% 以后，一方面城镇化速度会持续加速突破 60%～70%，另一方面长期高速城镇化导致的诸多弊病将不断涌现，包括城乡差距问题、生态环境问题和社会公平公正问题等。城镇化加速阶段往往伴随着工业化的快速推进、环境保护压力与日俱增。市场对具有明显外部性的环保产品存在"市场失灵"，英、美、日、巴西、阿根廷等国在城镇化达到加速阶段时都出现了严重的环境污染问题。1960～1970 年日本城镇化率年均提高约 2.5%，此期间钢铁、水泥等高污染产业迅速发展，城市大气与水环境污染严重。为此日本经过持续的艰苦努力，到 20 世纪 80 年代才基本解决城市环境问题。如为了整治滋贺县的琵琶湖，日本耗费了 25 年和 185 亿美元资金。1955～1980 年巴西、阿根廷等拉美国家城镇化水平从 40% 上升到 60%，过快的城镇化导致拉美城市环保压力不断加大。1980 年巴西城市有 50% 的住房没有下水道设施，24% 的家庭没有自来水管道，到 1991 年圣保罗市还有 5% 的居民严重缺水。由于清洁自来水供应不足，1991 年 1 月拉美爆发了大规模霍乱，共有 130 万人生病，12 万人死亡。2004 年联合国环境规划署发表报告指出，拉美只有约 40% 的污水进行过极低水平的处理，其他污水则直接排放，造成相当严重的环境污染。

（二）粗放式经济发展方式和城市发展方式的影响

　　我国的城镇化发展进程主要靠工业化推进，吸收廉价劳动力，以土地财政和房地产为驱动，依靠政府主导的大规模固定资产投资。存在的问题有：资源利用率低下；污染物排放量大；城乡一体化发展中要素交换和公共资源配置不平衡；只注重大城市的开发而忽略中小城市的作用，城市的空间扩展单向而粗放，资源分配主要集中在大城市，出现"大城市病";只注重刺激需求,而忽略扩大供给,出现过度土地城镇化。各地新区大力开展的新城建设浪费了大量土地资源,土地城镇化速度远快于人口城镇化;土地利用效率较低,单位国内生产总值用地率约为日本的8倍。

过去三十多年来,我国在城镇化发展过程中只注重发展经济,忽略了节约资源和环境保护,许多已有规划没有考虑资源环境的约束,对于生产和消费带来的资源消耗和环境污染没有严格的控制和约束目标,这样的城镇经济发展是以牺牲环境资源为代价,不符合生态文明理念,许多城市超过了资源承载力和环境容量的限制,城市发展模式不可持续。

(三) 城市治理体制的不完善导致城市发展的不可持续

新中国成立以来,国内城镇化发展大体经历了顺利与超速、倒退与停滞、快速与稳定等6个阶段,总体上实现了城镇化快速发展。但由于我国城市治理体制不完善,又导致了持续高速的城镇化进程带来资源环境问题。

对农业经济的忽视导致解决"三农"问题的动力不足,农民生活质量难以快速提高;对城市空间管治的不到位,导致基本农田不断被侵占,土地浪费与紧缺并存;对生产技术创新投入不足,致使大量城镇长期处于产业链条末端,同质化现象日益凸显;对传统能源和材料的过度依赖,导致资源消耗大;节能意识的薄弱和对环境监管力度的放松,导致长期的高污染、高耗能和高排放。新型城镇化必须以可持续发展为重要内涵,走结构优化、绿色低碳、安全健康、集约高效之路。

四、按生态文明要求推进新型城镇化建设的重点领域

新型城镇化和生态文明建设在本质上具有高度一致性，当前应合理控制城镇化年增长速度，避免以土地财政和房地产带动城镇化的发展模式，选择资源节约、环境友好型的城镇化建设模式；提高工业部门资源利用效率，降低污染物排放强度；倡导绿色生活方式，规避欧美国家一味追求舒适度的资源消费模式，学习日、韩等国的资源集约消费模式；发展分地区适宜的建筑能源消费模式；加强产业发展对资源合理配置的推动作用，保证基础设施建设与城镇化发展水平相一致，不断推进我国城镇生态文明建设。以生态文明理念为指导的城镇化，就是要为所有人提供均等的公共服务，实现基本的社会福利保障，满足人们的物质精神和环境等的多元化需求，实现人的全面发展。

（一）加强可持续的城市规划，控制城镇建设规模

以主体功能区战略为指导，制定科学系统的城镇规划体系。一个国家、一个区域经济社会的发展存在于特定的土地空间，而土地空间必有一种主体功能。推进形成主体功能区，就是要根据不同区域的资源环境承载能力、现有开发强度和发展潜力，统筹谋划人口分布、经济布局、国土利用和城市化格局，确定不同区域的主体功能，并据此明确开发方向，完善开发政策，控制开发强度，规范开发秩序，形成人口、经济、资源环境相协调的国土空间开发格局，构建高效、协调、可持续的城镇发展空间。因此，要严格按照主体功能区战略的要求，从全局出发，注重地区之间的差异性，着力发挥地区的优势发展潜力，科学地制定与资源环境承载能力相适应的城镇化规划，形成生态良

好、功能定位准确、产业布局合理、区位优势凸显的城镇化格局。

在城镇基础设施建设领域，一是要优化城镇水循环体系，保障城镇化发展的水资源供应、饮用水安全和水污染防治；二是推进城镇废物资源化，大力开发"城镇矿山"；三是加强公共交通能力建设，为方便居民绿色出行提供基础；四是在我国北方地区全面发展以热电联产和工业余热为热源的集中供热系统，解决冬季城镇建筑供暖问题。其他地区严格控制，尽可能不发展任何形式的集中供热、集中供冷以及分布式热电冷三联供系统。

优化城镇布局减少环境污染。一是优化城镇区划布局。可按照工业区、住宅区和商业区等不同功能区环境保护要求进行区划布局，制定相应环境质量标准。新建的工业企业要集中于工业园区，对其所排放的污染物进行集中处理；已建于市区的工业企业，则要搬迁至工业园，远离商业区和居民区。同时，在城市上风向、水源地、旅游风景区和环境脆弱地带等地严禁兴建工业项目。二是根据环境容量和资源承载力要求，优化产业结构与工业企业布局。在市区谨慎发展高耗能、高污染的产业，积极发展无污染的第三产业，鼓励发展污染少或无污染的高新技术产业，确保城市生态环境良性循环。

（二）构建绿色循环低碳的城市产业体系

城市的可持续发展最终要归结到经济发展方式的转变上来，都要在生产方式转型上做好文章。我们国家城镇化进程虽然起步较晚，但是这些实践经验给了我们少走弯路的启示。因此，我们的城镇化首先在产业结构上要注重服务业和战略新兴产业的培育和发展，在生态环境和资源承载力范围内适度发展各类产业，形成符合标准结构、适应市场需求结构、合理利用资源、可持续发展的产业结构体系。其次要节约集约使用各种资源。破解后发发展的资源约束是关键的课题，也是转变经济发展方式的客观要求。对能源、水资源、土地资源以及矿产资源要制定合理的开发强度，通过理念创新、技术创新、管理创新等手段提高资源的利用效率。最后要推进城镇生产方式的绿色、循环和低碳化转型。各类产业要按照"两型"社会的要求实现生产方式的转型，彻底抛弃高投入、高污染的粗放式发展，按照减量化、再利用、资源化的原则实现循环发展，按照低能耗、低污染、低排放的原则实现低碳发展。

按照资源节约、环境友好的要求，通过新型工业化来促进城镇化良性发展，因地制宜地发展生态工业、生态农业和生态服务业，将产业的绿色化作为城市发展的驱动力，通过大力推行清洁生产、发展环保产业、采用绿色技术和标准、生产绿色产品、加强生态工业园区的建设、鼓励绿色投资和信贷等措施，通过绿色产业拉动城市经济发展。

发展生态工业，建立生态工业园区。生态工业园区是依据循环经济理念、清洁生产要求而设计建立的一种新型工业组织形态。其通过先进的物流或物质传递方式把各厂区间连接起来，建立"回收—再利用—设计—生产"的循环经济路线，使各个企业之间形成资源共享和副产品的互换，使上游企业的副产品或废物成为下游企业的原材料或能源，实现资源最优配置，从而充分利用资源和能源，最大限度地减少污染排放，促使环境与经济相互协调。在生态工业发展的同时，积极促进调控反哺"三农"，从而带动农业、农村、农民也朝着生态环保的方向发展。

发展生态农业，提升农业科技水平。集成应用国际先进技术、装备，利用物质链条、能源链、服务链，将种植、养殖、深加工等串联并联起来，形成集资源利用节约化、生产过程清洁化、产业链条循环化、废物处理资源化于一体的生产方式，构建农林牧渔多业共生循环产业体系，从而提高农产品的商品率，提高农民收入，缩小城乡差距，推动城乡一体化。

发展生态服务业，促使第三产业生态化。生态旅游是一个提高效益、改善生态环境的适宜途径，发展生态旅游可以在保护生态平衡的前提下同时带动住宿、餐饮等多方位需求，从而促进城乡经济快速发展。

（三）加快城镇能源基础设施建设转型

加快发展化石能源的清洁开发利用技术，大力推动新能源开发利用技术进步，尽快达到世界先进水平并发挥示范引领作用。积极推广节能汽车、低碳建筑、高效家电等先进成熟技术、产品，增强自主创新能力水平。加快发展智能电网、电动汽车、储能技术等，提供系统性、综合性能源技术解决方案，推动下一代革命性能源开发利用技术尽快突破。

发展天然气分布式能源对于绿色城镇化建设意义重大。天然气分布式能源发展将让城市能源系统更加清洁绿色和高效。一是提高区域能源综合利用效率，在特定地区大力推进区域天然气分布式能源建设。在城市工业园区、新型小城镇聚集区、旅游集中服务区、生态园区等大型区域能源负荷中心，应大力推进区域天然气分布式能源项目建设。二是建设绿色高效城市能源系统，在城市高密度区因地制宜发展楼宇天然气分布式能源项目。在城市医院、宾馆、大型商场、影剧院、商务楼宇、大型车站等交通枢纽以及其他大型公共场所，因地制宜发展楼宇天然气分布式能源系统。三是天然气与可再生能源结合可更加绿色，创新发展多能源互补利用的分布式能源。在条件具备的地区，鼓励结合太阳能、风能、地源热泵等可再生能源，创新发展多能源互补利用的分布式能源。

（四）发展智能技术，建立智慧城市

发展感知技术、网络与通信技术、云计算技术等，建立城市信息网络基础设施，以实时收集、存储、监测、反馈城市各类数据，借助计算机系统及大数据技术等强有力的分析手段，对城镇的自然环境、用电、用水、用气、物流、信息流等进行动态跟踪和分析，系统获取全面、动态、实时的城市数据和信息，掌握城市运行、发展状态，为城市精细化管理提供依据。加快智慧城市的硬件基础设施建设，实现全面覆盖的网络通信及网际融合，融合物联网、互联网、通信网和广电网等多个网络，为智慧城市提供多种高速接入方式，为海量信息资源提供多渠道的信息通道。

推动城市治理结构变革，构建与信息化建设进程相适应的信息化管理组织体制，从传统的部门条块分割转变为综合管理，理顺部门关系，形成一体化、科学化、规范化的智慧城市管理体制和机制。同时，智慧城市建设还要求领导机构在建设过程中充分发挥其领导和宏观调控作用，强化对智慧城市建设的整体规划、部门协调、信息管理和建设监督的职能。智慧城市建设要求强化领导机构的协调能力，协调各相关机构，切实解决建设过程中政企不分、条块分割、资源垄断等问题，保证智慧城市建设顺利实施。

（五）加强环境基础设施建设，推进废弃物资源化利用

加大城镇环境基础设施投资。加大城镇污水配套管网建设力度，抓紧补建配套管网。全面提升污水处理能力，按照填平补齐的原则，

合理安排各地污水处理设施新增能力。加快污水处理厂升级改造，加强污泥处理处置设施建设。积极推动再生水利用。加快城镇垃圾处理设施建设，完善收运系统，提高垃圾焚烧处理率，做好垃圾渗滤液处理处置；实现城镇生活污水、垃圾处理设施全覆盖和稳定达标运行。

建设海绵城市。完善立体多功能多层次的分流分滞的基础设施系统，由点及面，保护和修复现有城市水体，以应对城市雨岛效应和内涝频发。建设城市排水设施，完善城市排水规划标准，从基础设施设计方法上改进城市洪涝预警调度系统。

开发利用"城镇矿山"资源，实现废弃物有效利用。积极利用生活垃圾、市政污泥、畜禽粪便、工业废渣、农林剩余物、建筑垃圾、电子垃圾等城镇固体废物，构建高效的资源回收利用体系，大力开采城镇矿山资源，提高城镇废弃物无害化处理率和资源利用率，实现"城镇矿山"资源清洁化、高值化和规模化的开发利用，缓解资源瓶颈的同时促进城镇经济增长。按照减量化、再利用、资源化的原则，加快建立循环型工业、农业、服务业体系，提高全社会资源产出率。完善再生资源回收体系，实行垃圾分类回收，开发利用"城市矿产"，推进秸秆等农林废弃物以及建筑垃圾、餐厨废弃物资源化利用，发展再制造和再生利用产品，鼓励纺织品、汽车轮胎等废旧物品回收利用。推进煤矸石、矿渣等大宗固体废弃物综合利用。组织开展循环经济示范行动，大力推广循环经济典型模式。

（六）引导绿色消费，积极培育生态文化

建设生态文明必须培育生态理念，引导企业和居民自觉采取绿色生产、生活和消费方式。改变浪费资源、破坏环境的生产生活理念，关键是要形成政府、居民、企业三方联动机制。首先，引导居民树立

生态消费观，倡导绿色生活方式，形成崇尚节约的新风尚，规避欧美国家一味追求舒适度的资源消费模式，学习日韩等国的资源集约消费模式；积极倡导环境保护意识，让生态理念深入人心，摒弃面子消费、过度消费、炫耀性消费等不良消费观念，鼓励公众绿色出行。其次，政府要加大宣传教育，在全社会大力弘扬人与自然和谐相处的价值观，制定有效的生态消费政策并加以监督。最后，企业要积极引进绿色科技促进绿色生产，提供更多的生态环保型产品和服务。

加大对生态文明意识的宣传与教育，通过各种宣传手段使生态文明的理念深入人心，并能转化为自觉的行动。其次是要完善生态文化基础设施和公共服务载体建设，为生态文化的传播提供渠道和途径。最后是通过发展生态文化产业，选择以普惠性为主、以定向性为辅的发展模式，向公众和社会提供生态文化创意产品与服务，形成可以永续传承的生态文化。

五、按生态文明要求推进新型城镇化的若干对策

（一）实行严格的资源总量控制和全面节约制度

执行严格的生态空间红线控制。制定城镇生态文明评价指标，并纳入各级城镇党政干部的政绩考核体系。严守生态用地底线，建立城镇市域生态空间强管制机制，积极推进基本农田集中连片建设，城镇建设严格执行《城市绿线管理办法》《城市蓝线管理办法》，推动地方落实制定城市绿线、蓝线管理制度，特别对建成的绿地、林地、湿地和主要河道、湖泊等要严格划定保护控制区。对于优化开发区域和重点开发区域，应发挥其经济基础较好、资源环境承载能力较强、发展潜力较大、集聚人口和经济的条件较好等优势，实现人口聚集和经济

聚集的主体功能。对于限制开发区域和禁止开发区域，应发挥其土地生产力较高、生态涵养较好的优势，实现主产农产品和生态产品的主体功能。

制定城镇建设用地集约化开发制度。推动建立城乡存量土地信息库，严格控制新增用地指标，推行集约化用地开发制度，创新土地出让方式和管理模式，推动低效存量土地功能更新与置换。将单位产出占地面积、单位产出水耗、单位产出能耗等作为土地出让的考核指标，减少单位土地面积的资源消耗量。

严格控制城市用地规模。按照区域城镇化发展的内在规律和趋势以及与经济社会生态发展水平的匹配情况，科学设定城镇发展目标，合理控制城市用地规模、建筑规模、能源消费水平，设计合理的城镇建筑、基础设施建设速度，按城镇化的客观需求控制房屋建设总量。

（二）推动城镇群区域环境污染协同治理机制

建立污染防治区域联动机制。完善京津冀、长三角、珠三角等重点区域大气污染防治联防联控协作机制，其他地方要结合地理特征、污染程度、城市空间分布以及污染物输送规律，建立区域协作机制。在部分地区开展环境保护管理体制创新试点，统一规划、统一标准、统一环评、统一监测、统一执法。开展按流域设置环境监管和行政执法机构试点，构建各流域内相关省级涉水部门参加、多形式的流域水环境保护协作机制和风险预警防控体系。完善突发环境事件应急机制，提高与环境风险程度、污染物种类等相匹配的突发环境事件应急处置能力。

遏制城镇污染向农村扩散。一是把统筹城乡环保作为统筹城乡工作的核心内容之一，把农村的环保指标纳入各级政府政绩考核体系中。二是加强农村环境监管与执法力度，包括：建立健全农村环境监测体系，开展污染企业专项治理；建立健全农村环保专项法律法规，对不符合法律、政策或治污无望的企业坚决予以取缔；提高农村新建项目环保准入标准，加大对违法污染企业的处罚力度。三是加大农村环境基础设施建设，尤其是要在农村大量兴建固废与污水无害处理设施。四是创建企业清洁生产激励机制，对清洁生产企业给予税收、信贷优惠、政府采购等支持。五是发挥农村居民在环保中的积极作用，保障农村居民在农村环境管理中的决策参与权，充分发挥农民对污染企业的监督作用。

（三）构建城市环境治理和生态保护的市场体系

财政金融渠道作为城镇化重要的资金来源，关系到城镇化能否健康有序地向生态文明的方向推进。

建立合理的财政支出结构，强化政府基本公共服务供给的责任和义务。财政投入优先考虑城镇生态示范项目。财政政策进一步加大对城市安全、改善民生、优化环境、节能减排等公共性生态示范项目建设支持力度。按照经济社会发展水平、人口增长规模和设施负荷强度等，适时适当地调整资金投入，完善城市维护资金投入的动态调整机制。

构建合理的中央与地方财政关系。中央财政在转移支付中对义务教育、基本养老、基本医疗等基本公共服务支出的比例重要逐步提高，帮助地方建立基层政府基本财力保障制度，增强限制开发区域基层政府实施公共管理、提供公共服务和落实各项民生政策的能力，并加大对重点生态功能区特别是中西部重点生态功能区的均衡性转移支付力度。

建立有利于构建合理产业结构的财政、税收引导机制。根据不同地区的发展潜力，推进产业特色化发展，利用财政政策杠杆有效引导城际间产业分工与协调。完善"城镇矿山"开发激励机制。加强对城市生活垃圾的源头分类与资源化、能源化利用，完善城市固废资源化处理基础设施建设及配套激励机制。对工艺技术先进、资源化和二次污染控制水平高的"城镇矿山"开发利用企业给予税收优惠。

充分利用合理的金融手段，拓宽城镇化过程中的资金来源渠道。鼓励多元化的资金来源，发挥地方金融机构的作用，大力发展适合城镇化建设的金融产品和服务。推动经济杠杆调控城市生态化建设，拓宽城市建设投融资渠道，健全生态基础设施、住宅、政策性金融机构等，创造公平竞争、平等准入的市场环境，对于经营性和准经营性的生态设施建设，积极吸引社会资本进入。

（四）实行以生态文明建设为导向的评价考核机制

建立符合生态文明理念的干部考评激励机制，要将资源消耗、环境损害、生态效益等指标纳入经济社会发展评价体系。不仅要提高全民的生态文明意识，更要强化领导干部的生态文明意识，根据主体功能定位确定不同的考核目标，加大生态文明相关指标在城镇化考评中的权重。通过科学有效的考评激励机制，充分调动各方面的积极性、主动性，走出一条体现生态文明的城镇化道路。

优化评价及考核主体的结构。生态文明建设评价必须是独立的、超越部门和地区利益的，应交由独立第三方客观公正、科学规范、透明可信地进行。生态文明建设的评价主体必须坚持客观、公正的基本态度和立场，必须坚持科学、规范的基本路径和方法。就政府考核而言，考核主体结构应当不断调整变化。需要特别指出的是，包括生态文明建设政府考核在内的政府考核的主体结构，随着政府职能转变、法律法规修订、行政体制改革、社会组织发育、决策科学化民主化进程等，将不断发生调整和变化，其中社会监督、第三方考核的地位和作用将不断加强，其主体地位也将不断彰显。

明确评价客体。生态文明建设评价需强调各地区在生态文明建设所取得的进展，重点评估各地区在解决本地区生态文明建设中主要问题方面所取得的成效。同时，也注意评价各部门、各系统在推进生态文明建设方面的进展。政府考核方面，需以地方政府为主要的考核主体，实行党政同责，各级地方政府与党委接受上级党政机关或独立第三方的考核或评价。

科学遴选评价及考核指标体系。一方面，生态文明建设评价和政府考核指标必须繁简适度、动态调整。另一方面，分层把握和选择生态文明建设评价及政府考核指标。就生态文明建设评价指标而言，在总体目标层次上，生态文明建设应从生态承载（生态空间）、生态环境、生态经济、生态社会和生态制度等五个方面进行评价。这五个方面基本反映了生态文明建设的科学内涵、核心目标和基本框架。在具体目标层次上，生态文明建设应进一步从目标解析方面入手，用可量化的指标进行具体评价。这些指标包括用以反映生态承载力（生态空间）的生态用地、可利用水资源量、森林覆盖率、生物多样性等指标。

重视评价及考核结果的应用。评价结果应寻求广泛认可，同时也应得到充分应用。为此，各地区、各部门应本着负责、科学的态度，重视和应用评估结果，作为检验各地区生态文明建设水平、发现各地区生态文明建设主要问题、校正各地区生态文明建设轨迹的重要手段，保证生态文明建设的顺利、有效推进。地方政府生态文明建设考核应作为其同级权力机关（同级人大）或政府管辖区域内居民等判断地方政府工作成效和实绩的重要内容，同时，也应作为政府主要负责人工作实绩的考核内容和重要依据，并将考核结果与其履职评价、职务调整等有机地结合起来。

（五）加快推进城乡一体化发展的制度创新

生态文明要求城镇化过程实现人的全面发展。推进新型城镇化要促进城镇发展在经济、社会、治理、文化等领域的均衡与统一，强调城镇发展过程公平与效率的内在一致，强调城镇不同主体发展权利的同质均等性。以生态文明为指导的城镇化就是要为所有人提供均等的公共服务，实现基本的社会福利保障，满足人们的物质精神和环境等的多元化需求，实现人的全面发展。

要加快建立和完善有利于城乡一体化发展的户籍、财政、金融、土地、环保等方面的制度支撑体系。如，要建立覆盖城乡的公共服务财政制度，加快实现城乡公共服务投资均衡化，重视农村义务教育和职业教育；要建立城乡统一的社会管理制度，突破城乡二元结构，加快推进农民市民化，逐步消除半城镇化；要完善土地制度，建立多元化土地产权制度，保护农民土地权益。

执笔人：程会强　王海芹　李佐军

参考文献

[1] 国务院发展研究中心，世界银行. 推进高效、包容、可持续的城镇化. 北京：中国发展出版社，2014

[2] 包双叶. 论新型城镇化与生态文明建设的协同发展. 求实，2014（8）

[3] 陈军. 生态文明融入新型城镇化过程的实现形式和长效机制. 经济研究参考，2014（8）

[4] 付志宇等. 论以实现生态文明为目标的新型城镇化模式. 中国发展观察，2015（5）

［5］李佐军等．城镇化进程中的环境保护：隐忧与应对．国家行政学院学报，2013（8）

［6］刘国斌等．基于生态文明视角的新型城镇化与新农村建设研究．城市规划学刊，2015（7）

［7］钱易等．中国新型城镇化生态文明建设模式分析与战略建议．中国工程科学，2015（8）

［8］钱易主编．城镇化进程中的生态环境保护与生态文明建设研究．"中国工程院重大咨询项目"
中国特色新型城镇化发展战略研究（第三卷）．北京：中国建筑工业出版社，2014

［9］Meyer，William B. The Environmental Advantages of Cities：Countering Commonsense Antiurbanism.
Cambridge：Massachusetts：The MIT Press，2013

专题报告一

生活垃圾综合治理利用与新型城镇化建设

随着我国城镇化进程的迅速发展，垃圾问题无论在城市还是在农村都日益突出，已成为城市病的典型表征和农村环境污染的重要来源。垃圾治理利用不是单纯的资源化利用，而是生态文明建设的突破口和城镇治理能力的标志之一。本报告以生活垃圾为样本，深入剖析了我国垃圾回收利用中存在的主要问题，借鉴国外垃圾治理的先进经验和法规制度设计，并结合对城市和农村生活垃圾治理利用的典型案例剖析，提出适应新型城镇化建设的我国生活垃圾治理利用的思路和对策建议，以期贯彻绿色发展理念，提高城镇垃圾治理能力和利用水平。

生活垃圾是城乡居民日常生活的必然产物。垃圾问题是新型城镇化进程中愈益凸显的不可回避的重大问题。废则为害，用则为利。

一、我国城镇化进程中面临的垃圾挑战

（一）表层挑战

1. 垃圾围城

全国城市垃圾堆存累计侵占土地超过 5 亿平方米，每年的经济损

失高达 300 亿元。除县城之外的 668 个城市中，有 2/3 的城市处于垃圾包围之中，1/4 已经无垃圾填埋堆放场地。

2. 垃圾围村

与城市垃圾处理相比，农村垃圾治理状况更加堪忧。据住建部统计，截至 2013 年年末，全国 58.8 万个行政村中，对生活垃圾进行无害化和非无害化处理的仅占 37%，全国村庄生活垃圾无害化处理率只有 11%；同期城市生活垃圾处理率为 95%，其中无害化处理率达 89%。"十二五"期间，仅农村地区每年的垃圾产生量就达 1.1 亿吨，其中有将近 7000 万吨的垃圾没有进行很好的处理。

城乡二元结构在环境治理上差距明显。农村垃圾治理存在"五大难"，即陈年垃圾清运难、农村垃圾收集难、农村垃圾转运难、农村垃圾处理难、长期保持效果难。

3. 分类问题

我国是世界上最早提出垃圾分类的国家。早在 20 世纪 90 年代，我国就已经开始提倡垃圾分类收集处理，但时至今日垃圾分类成效甚微。生活垃圾分类存在参与人少、底数不清、标准缺失、目标不明等问题；试点工作主要在城市社区进行，覆盖面有限，代表性、综合性不够。

4. 处理问题

城镇生活垃圾处理缺乏科学的规划，垃圾处理基础设施特别是中小城市和农村薄弱，处理技术单一。垃圾二次污染等现象严重、卫生填埋场渗滤液污染土壤和地下水的案例增多、臭气影响周边环境等。

5. 维权问题

现在人们的环境意识和维权意识高涨，对市容环境卫生提出的要求越来越高，但公众对垃圾的收运处理始终带有一种既需要又反感的态度，致使垃圾收运路径、垃圾场选址等都成了普遍难题，垃圾邻避凸显。

6. 投资问题

当前生活垃圾处理的投资主体单一、融资渠道狭窄、资金使用效率低下，导致生活垃圾处理相较于垃圾产生激增量滞后。

（二）深层挑战

垃圾泛滥已经成为当代社会的一大公害，垃圾污染正成为环保事业的治理焦点。垃圾治理是当前改善城乡人居环境的重点领域，也是全面建成小康社会的生态文明短板。

1. 垃圾危害超过生产危害

垃圾产生的量和质都与生产正向相关，随着经济增长总量的增加和产品换代速度的加快，生活废弃物品可谓突飞猛进，种类越来越繁多，成分越来越复杂，处理技术的难度开始超过生产技术的难度。无论生产污染强度多大，由于种类和成分相对单纯，控制和转化都相对垃圾容易。当垃圾数量急剧膨胀以后，生产的环境危害正在逐步演变为垃圾的环境危害。垃圾问题从生活问题演变为经济问题，再演变为治安问题。

2. 垃圾污染属于面源污染

生产污染属于点源污染，即使是农业污染，也有明显的界限，而垃圾污染则属于面源污染。点源污染无论有多深重，治理难度都不会超过面源污染。这是因为点源污染责任人容易明确，经济技术的投入容易集中，所以容易收到立竿见影的成效。面源污染则正好相反，每个人都是环境加害者，法律政策的实施极难，经济技术投入的回报极低，治理主要依赖民众觉悟，而觉悟的自发成长只能渐变。随着国家和社会对生产本身的监控不断强化，垃圾治理的"短板效应"将日益凸显，整个环境系统的状况将越来越取决于垃圾治理的程度。

3. 环境质量决定生活质量

当今我国民众的生活追求正在由数量型向质量型转变。生活质量既包括身体的生理健康性，也包括对环境的精神愉悦性，而这两者的基础是环境质量。环境质量决定生活质量，环境产品成为最普惠的民生产品。十八大报告提出建设美丽中国的任务，进一步把环境质量上升为国家战略高度，这是顺应时代要求的战略决策。建设美丽中国不仅要治理实体污染，而且要治理视觉污染，而垃圾属于二者兼备的污染。所以，垃圾治理势必上升为全局性任务。

（三）原因分析

1. 意识原因

公众垃圾分类意识不足，分类投放参与率低主要有三方面原因：一是不知垃圾分类的意义；二是不知垃圾分类的标准；三是不知垃圾分类的回报。由于社会宣传垃圾分类还不深入，还没有关于生活垃圾分类的具体管理办法，垃圾分类没有标准，缺少相应的激励措施等，虽然公众对垃圾分类的知晓率和认同度在逐年提高，但垃圾分类的参与率和准确投放率一直处于较低水平，"政府热，公众冷"的现象普遍存在，源头垃圾分类投放工作主要靠二次分拣完成。

2. 链条原因

垃圾分类是一个系统工程，从公众到环卫工，到垃圾中转站，最后到垃圾处理厂，环环相扣，一环脱节，则前功尽弃。由于垃圾分类处理的体系不完善，社会广泛存在"我分你不分，前分后不分"现象，在运输过程中很多分类投放的垃圾再次混合收运使前端分类变成无用功，后端处理设施配套的不足严重影响了垃圾前端分类的积极性。

3. 管理原因

垃圾管理体制不清晰，环卫工作和再生资源回收利用不统一，垃圾从源头到治理分属各个部门，政府部门合力尚未形成、政策法规落实难。根据我国管理体系设置，由城建部门负责垃圾收集处理工作，虽然就垃圾分类采取了诸如"联席会议制度"等形式的协调推进机制，但具体负责落实的还是垃圾分类主管部门，多部门联动的机制尚未充分发挥作用，政策法规中涉及多部门联合推进的条款较难落实，从而难以达到政策法规预期的效果。

4. 运营原因

在垃圾回收利用处理的过程中，由于各级政府重视程度不一、地方财政负担重等各种原因，垃圾回收处理运营过程困难重重。特别是农村垃圾面广线长，源头的收集转运是最大困难，硬件设备设施没有配套，经费严重匮乏是很多地方治理农村垃圾迟迟不见行动的重要原因，同样经费问题也关系着垃圾分类回收利用行动能否进行下去。

二、我国生活垃圾的处理利用情况分析

（一）处理成效

1. 总体进步

从清运量看，截至 2014 年年底，县级以上的城市垃圾清运量是 2.45 亿吨，城市生活垃圾清运量达到 1.79 亿吨，县城生活垃圾清运量 6657 万吨。农村垃圾清运点达到 35 万个，占总数的 64%。从资源化率看，2011 年县城生活垃圾资源化率为 6.77%。截至 2015 年年底的最新数据显示，资源化率增长了 0.88%，达到 7.65%。从无害化率

看，城市垃圾无害化处理率达到91.77%，首次突破90%大关。焚烧、填埋跟其他的比例分别为65.42%、32.52%、1.95%。县城在垃圾无害化处理上首次突破了70%，达到了71.6%，卫生填埋、焚烧和其他的比例分别为89%、7.22%、3.37%。农村中进行垃圾处理的行政村比例已达48%。

2. 政策拓展

在国家层面，2014年新《环保法》明确要求生活垃圾要分类投放分类处置。2014年住房和城乡建设部会同发改委、财政部、环境保护部、商务部下发了《关于开展生活垃圾分类示范城市（区）工作的通知》（建城〔2014〕39号），要求各地积极申报生活垃圾分类示范城市（区），申报城市或城区需要具备"制定生活垃圾分类管理方面的地方性法规、建立多部门分工协作的工作机制、已选取一定数量的居住区和企事业单位作为示范点、已开展非工业源危险废物回收、利用与处置工作"等四项基本条件。2015年住建部等五部委发文确定了将26个城市（区）作为第一批示范城市（区）。五部委要求，各示范城市（区）要充分发挥政府、企业、社会在生活垃圾分类工作中的作用，建立生活垃圾分类减量激励机制，将生活垃圾分类减量与企业经济效益挂钩，降低进入末端设施处理量。不仅如此，各示范城市（区）要因地制宜细化垃圾分类的方式，重点解决厨余垃圾的分类收集和处理问题，逐步实现厨余垃圾"无玻璃陶瓷、无金属杂物、无塑料橡胶"的精细化分类，为后续的有机质综合处理和利用创造条件。五部委明确提出，到2020年，各示范城市（区）建成区、居民小区和单位的生活垃圾分类收集覆盖率达到90%，人均生活垃圾清运量下降6%，生活垃圾资源化利用率达到60%。2015年年末住建部等十部委又联合发布《关于全面推进农村垃圾治理的指导意见》，提出到

2020 年，全国 90% 以上村庄的生活垃圾要得到有效治理。这是我国中央政府层面第一个专门针对农村垃圾的文件，第一次将农村的生活垃圾、工业垃圾等一并处理；第一次由十个部门联合发文；第一次提出了农村垃圾 5 年治理的目标任务，打响了五中全会之后改善农村人居环境的攻坚之役。

在地方层面，各试点城市在积极推进生活垃圾分类立法工作的同时，注重管理制度体系的建设，配合建立了一系列的政策文件，推动垃圾分类工作的开展，同时为规范和引导垃圾分类工作发布了一系列标准规程规范（表 1-1）。

表 1-1　　2010 年以来试点城市生活垃圾分类地方法规规章列表

城市	法规规章	法规号	发布部门	发布时间	实施时间
北京	《北京市生活垃圾管理条例》	北京市人大常委会公告第 20 号	北京市人大常委会	2011 年 11 月 18 日	2012 年 3 月 1 日
上海	《上海市促进生活垃圾分类减量办法》	上海市人民政府令第 14 号	上海市人民政府	2014 年 2 月 22 日	2014 年 5 月 1 日
广州	《广州市生活垃圾分类管理规定》	广州市人民政府令第 124 号	广州市人民政府	2015 年 6 月 20 日	2015 年 9 月 1 日
深圳	《深圳市生活垃圾分类和减量管理办法》	深圳市人民政府令第 277 号	深圳市人民政府	2015 年 6 月 23 日	2015 年 8 月 1 日
南京	《南京市生活垃圾分类管理办法》	南京市人民政府令第 292 号	南京市人民政府	2013 年 4 月 5 日	2013 年 6 月 1 日
杭州	《杭州市生活垃圾分类与减量条例》	杭州市人大常委会公告第 48 号	杭州市人大常委会	2015 年 7 月 30 日	2015 年 12 月 1 日

3. 试点进展

试点示范城市从分类投放点设置、分类收运车辆配备、分类处理设施建设等多方面入手，完善全程分类基础设施设备配置。通过垃圾分类减量政策法规体系建设、投放收运处理基础设施配套建设、垃圾分类促进措施实施等工作，城市垃圾分类场所覆盖面增大、公众对分类知晓率提高，垃圾末端处置量减少。如广州建成生活垃圾分类合格社区1247个，约占全市社区的90%；上海垃圾分类场所超过11000个，覆盖居住区280万户，机关单位和标准化菜场基本实现全覆盖；上海人均生活垃圾末端处理量从2010年的0.82千克/日下降到2014年的0.66千克/日，全市生活垃圾日均末端焚烧、填埋从2011年的18902吨下降到2014年年底的16792吨；杭州主城区日均垃圾产量同比下降3.68%。

（二）利用潜力

随着经济水平不断提高，我国生活垃圾种类日益丰富，成为新型的"城市矿产"，垃圾分类资源化潜力巨大。

据有关部门统计，北京市年产生活垃圾中有废塑料36.2万吨，而一吨废塑料可生产0.37~0.73吨油；每回收一吨饮料瓶塑料可获利润8000元。有废纸38.8万吨，每回收一吨废纸，可造好纸0.85吨，节省木材3立方米，节省碱300公斤，比等量生产好纸减少污染74%。有废玻璃15万吨，利用碎玻璃再生产玻璃，可节能10%~30%，减少空气污染20%，减少采矿废弃的矿渣80%。有废电池2.37亿支，利用废电池可回收镉、镍、锰、锌等宝贵的重金属，同时可减少重金属对环境的污染及对人体健康的危害。有废金属3.5万吨，每回收一吨废钢铁，可炼好钢0.9吨，可减少75%的空气污染、97%的水污染和固体废物，比用矿石炼钢节约冶炼费47%。有废食品草木121.3万吨，每回收一吨这类垃圾，可生产0.6吨有机肥，也可生产垃圾燃料，作为发电、供热的燃料。

展望"十三五"，按我国2020年每年2亿吨生活垃圾计算，其中可以回收废旧塑料、橡胶类 2056 万吨，估值 616 亿元；废纺织物 442 万吨，估值 132 亿元；玻璃 516 万吨，估值 10 亿元；各类金属 230 万吨，估值 23 亿元。其资源化价值可以用如下终端产品估值说明，纸类植物动物类制 6000 万吨有机生物质炭，估值 360 亿元；灰土竹木沼渣制成厌氧营养土颗粒 4322 万吨，估值 86 亿元。这仅仅是资源化的数字，而减少大气排放还可以做如下计算：按每年 2 亿吨垃圾回收 2298 万吨塑料，可以节约约 5000 万吨石油，1600 万吨煤炭，制造 5000 万吨有机生物质炭，可以减少使用 5000 万吨化肥。每年减少 1 亿吨垃圾焚烧可以减少排放：二噁英 120 克，一氧化碳 4.8 万吨，颗粒物 1.2 万吨，氮氧化物 15 万吨，二氧化硫 4.8 万吨，氯化氢 3 万吨，汞及其化合物 300 吨，镉铊及其化合物 120 吨，锑砷铅铬钴及其化合物 1200 吨。上述数据均按垃圾发电厂达到 2014 烟气排放标准计算。由此可见，垃圾资源化不仅有利于资源节约和循环利用，节约了不可再生资源，同时也促进了气体减排，有利于我国的国际承诺完美兑现。

（三）案例分析

案例一：循环经济，链条共生，化解城市垃圾邻避问题

（1）垃圾邻避

北京市朝阳循环经济产业园的前身是北京最大的垃圾处理厂——北京朝阳区高安屯垃圾填埋场，曾遭遇严重的垃圾邻避问题。伴随着生活垃圾量的快速提升，设计能力 1200 吨的高安屯填埋场，日垃圾量一度高达 4700 吨，远远超过其消化能力。按照高安屯填埋场的设计容量，规划使用寿命为 30 年，但仅仅 6 年时间便已经填埋了 60% 的量。2008 年 8 月，高安屯垃圾填埋场由于长期恶臭等原因，遭遇周边万象天成、优点社区、天赐良缘、柏林爱乐等多个住宅小区居民的抗议。

（2）循环经济

园区秉承循环经济理念，建立了变废为宝的物质和能量循环链条。

第一，以垃圾为源头的内循环。生活垃圾通过环卫车辆运输到高安屯焚烧厂焚烧发电，产生电力输送到高安屯充电站为环卫车辆充电，剩余不可用渣按 10 米一层在高安屯卫生填埋场严实填埋；高安屯餐厨垃圾处理厂预处理产生的渣送到焚烧发电厂焚烧；高安屯垃圾焚烧发电厂焚烧垃圾产生炉渣送到高安屯卫生填埋场填埋，填埋场产生的填埋气所发电用于渗沥液处理车间处理污水用电，产生的余热为园区设施生产生活供暖供热，构成了设施间的无缝式链接。

第二，以产品为始端的外循环。焚烧发电产生的电力输送到华北电力网供应北京市居民生产生活用电；高安屯餐厨垃圾处理厂生产出的微生物肥料菌剂用于有机农业，形成了垃圾—有机肥—农业—绿色食品绿色生态链。

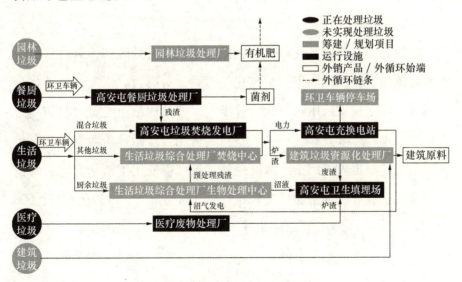

图 1-1　朝阳循环经济产业园示意图

（3）示范基地

通过发展循环经济，北京市朝阳循环经济产业园实现华丽转身。

目前已建成集生活垃圾焚烧发电、卫生填埋、生化处理三大处理工艺于一体，集设施处理、科普宣传于一身的综合园区。园区现拥有五大设施，即：亚洲单线处理规模最大的生活垃圾焚烧发电厂，北京市首个采用全膜覆盖的卫生填埋场，国内规模最大的餐厨垃圾处理厂、北京市首个医疗垃圾处理场和全国规模最大的新能源项目—电动汽车充换电站，每年消纳生活垃圾 70 余万吨，上网绿色电力 2.3 亿度。园区成为北京市第一批循环经济园区类试点单位，2009 年 7 月 8 日在北京市同行业中率先实现对社会公众开放，接待社会各界人士数万人次，相继被中国农业大学、清华大学、北京大学、中科院研究生院等高校列为教育实习基地，2011 年园区被列为北京市科普教育基地，2013 年年初，被国家发改委列为"国家循环经济教育示范基地"。

案例二：因地制宜，沼气升华，农村垃圾变身新型产业

（1）典型示范

广西容县杨梅镇凤美村建设生活垃圾沼气化处理站，对行政村经收集分拣后的有机垃圾进行沼气化处理后，对周边农户实行管道化集中供气。项目运管采用物业化运管模式，即处理站业主负责收集附近有机垃圾进行发酵处理，对供气农户实行用气按量计价收费，并有偿出售沼肥，所得收入用于维持处理站运行，既使用了清洁能源，又清洁了家园，有效改善了农村人居环境。以杨梅镇凤美村为例，4 个 600 立方米的有机垃圾沼气化处理池，日产沼气约 820 立方米，可供气 500 户，年处理生活垃圾 4000 多吨。目前以 2.5 元/立方米价格向农户供气，每月收入约 3 万元，且业主承包了沼气站周边 50 多亩土地，所产沼肥用于种植芭蕉，收益可观。

北流市甘村绿色能源生态示范园建有 600 立方米大型沼气池，实

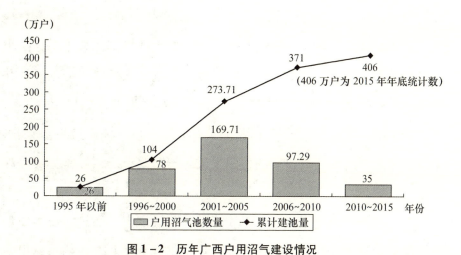

图 1-2　历年广西户用沼气建设情况

资料来源：广西壮族自治区林业厅。

行集中供气，配套沼液滴灌或喷施，每年可处理 1000 吨生活有机垃圾，基本可以消化一个行政村 5000 人生活有机垃圾；年产沼气 3 万多立方米，可解决当地 120 户 700 多人生活用能；年产沼渣 162 吨，沼液 3860 吨，可为 1500 亩种植示范基地提供充足肥源。

（2）多赢成效

截至 2015 年 9 月底，广西全区累计建设沼气池 411.2 万座，入户率达 51.3%；建设养殖小区和联户沼气工程 862 处；实施建设有机垃圾沼气化处理试点工程 83 处；建成各类服务站点 6691 个；沼气从业人员达到 1.52 万人，服务 250 多万户农民，覆盖率达到 40%。据测算，全区农村沼气池年沼气生产量约 15.5 亿立方米，相当于替代 120 多万吨标准煤，节约薪材近 500 万吨，保护森林面积近千万亩，有效巩固提升了广西"山清水秀生态美"的生态品牌；每年能处理粪污等有机垃圾 7900 万吨，有效改善了农村人居环境，沼肥利用又可减少 20% 以上的化肥和农药施用量，可实现粮食增产 15%～20%、蔬菜增产 30%～40%，可为农民增收节支约 60 亿元。

（3）"四化"经验

广西农村沼气从小工程做成大产业，把小环境变成大生态，由小项目形成大事业，与各地结合实际、因地制宜探索新路子分不开，并已形成多种模式，如"恭城模式"——以养殖为龙头，以沼气为纽带，以水果为重点的"养殖＋沼气＋种植"三位一体发展生态农业，带动了全区户用沼气池建设的快速发展。概言之，广西经验主要表现为以下几点。

第一，使用便捷化。开展沼气管道化建设试点，通过建设大中型沼气池，铺设沼气管道，给周边群众集中供气到户。农户购买充值卡充值，按照用气量付费，解决了户用沼气池用气时多时少、时有时无的缺点。

第二，服务专业化。建立市（县）级沼气服务站、镇级沼气服务中心、村沼气服务点三级服务体系，专门负责为沼气用户提供免费维修、更换炉具及配件、沼气物资销售和设备管护等工作。

第三，管理市场化。充分发挥市场机制的基础性作用，通过政府引导、财政支持、政策扶持，因地制宜，鼓励各地探索公司运作、协会领办、个体承包、股份合作等多元运行机制。如引进专业从事生物沼气、污水处理、能源环保工程建设的公司，将农户沼气池全权委托沼气服务公司管理。

第四，发展产业化。跳出就能源抓沼气的思维模式，把沼气作为农村生产、生活与生态结合的纽带，扩大沼气生态循环链，延长沼气生态产业链，促进农村增绿、农业增效、农民增收。如以沼气为纽带，集垃圾收集处理、沼气沼液沼渣综合利用、种植养殖加工、休闲观光于一体，形成了农、林、牧、渔"四业循环"。

三、发达国家生活垃圾的分类利用经验

发达国家对生活垃圾治理利用已有丰富多彩、行之有效的实践，可资借鉴。

（一）立法先行保障实施

发达国家对垃圾回收处理都是通过各种立法予以严格界定和有力保障。如德国根据不同时期需要有系列立法《废弃物处理法》（1972年）、《废弃物经济法》（1975年）、《废弃物法》（1986年）、《循环经济与废弃物法》（1996年）、《可再生能源法》（2000年）、《德国垃圾填埋场条例》（2002年）等。为了强制每个居民分类倒弃垃圾，德国政府制定了一套严格的处罚规定，并设有"环境警察"。

（二）垃圾源头细致分类

如日本对生活垃圾的分类有着十分严格而细致的规定，而且不同地区和街道也有着各自更为具体的规定，其目的就是最大限度地实现资源垃圾的回收再利用，减少空气污染和环境污染。主要分成四大类。第一类：可燃垃圾。第二类：金属、陶器及玻璃制品。第三类：可再利用资源类垃圾。第四类：大型垃圾。每类再对应具体品种。家庭垃圾必须在规定时间放到规定的垃圾回收场所。回收分类垃圾使用不同的专用垃圾车，而不是用一种车回收不同的垃圾。

（三）垃圾回收经济调节

如日本大型垃圾回收需要消费者付费。根据日本《资源有效利用促进法》规定，在购买相关物品时就需预付费支付循环费用。处理大型垃圾需要打电话预约，并支付一定"处理费"，购买"垃圾处理票"。德国的社区居民每年要定期缴纳垃圾回收费用，谁产生的垃圾谁买单。如果想单独拥有垃圾桶，还要自己定制相应规格种类的垃圾桶。一般家庭垃圾回收每年基本支出大约为500欧元。

（四）回收处理主体明确

如瑞典明确垃圾回收处理的三大主体为地方政府、生产商、其他处理商。地方政府通过行政领导、购买服务等方式履行生活垃圾回收处理的职责；生产商负责回收、处理自己生产的产品；其他处理商公用事业公司负责收集生活垃圾，私有公司负责资源再生和其他回收。

（五）公众参与避免邻避

文明的时代是每个公民参与的时代。任何社会做任何事，仅靠政府的力量总是远远不够的，一定要全社会共同努力。在加拿大，政府要在任何一项政令和法律实施前，提供详细的信息和咨询，而不是只着眼实施后的严格惩罚，如在全面展开餐厨垃圾分类回收之前，政府通过小区实验和调查问卷，征求公众对回收细节的意见。同时，有无数的公民组织，在为减少垃圾做着各自独特的贡献，如社会宣传、咨询服务、组织募捐、旧物利用等。

（六）智能回收多元机制

发达国家除人工回收外，还开发了各种智能回收设备，既提高了回收效率，也保障了回收者的利益。如德国为了鼓励废物回收，实行了饮料瓶押金制，通过智能回收机回收可退回现金或超市购物抵用券。同时，回收的技术也不断进步。现在已经用红外线感应器和磁选法等取代人工进行垃圾分拣，越来越先进的计算机程序可以迅速地分拣各种不同的塑料和金属。

通过多种手段激励和保障生活垃圾回收，发达国家的垃圾治理利用效益可观。如德国回收的所有塑料垃圾中，有40%按照种类被严格分拣。2100万吨塑料被重新利用加工成再生原料。用新原料生产一吨塑料的费用在1200至1400欧元之间，而用回收废塑料生产的再生塑料，成本只要500欧元。与原始的回收垃圾相比，再生原料增值3至4倍。德国也因此产生了一个营业额超过2000亿欧元的生意兴隆的行业。该行业产值每年增长14%，为大约25万人创造了就业岗位。现在德国的垃圾回收再生原料已成为热门的出口产品，亚洲国家进口德国制造的再生原料越来越多。

四、生态文明背景下生活垃圾治理建议

（一）治理思路

——从战略定位着眼，垃圾是放错了地方的资源，也是世界上唯一在增长的资源。垃圾治理利用不是简单的资源化利用，而是生态文明建设的突破口和城镇治理能力的标志之一。要从生态文明建设层面看待垃圾回收，按社会系统工程思维方式组织垃圾回收，从提高城镇治理能力和培育新兴战略性产业的视角处理垃圾。垃圾分类可以改变个人和社会行为方式，对整个民族素质提升都极具重要意义。

——从认识更新角度，垃圾分类不是从垃圾箱开始，而是始于头脑；填埋、焚烧和生化处理不是三个递进的必然阶段，而是要因地制宜，综合协用。

——从治理体系层面，生活垃圾问题不是单纯的意识问题，也不是单纯的技术问题和环境问题，治理利用垃圾是一项巨大的系统工程，需要政府、企业、公众的多方协作。采取宣传教育、法制约束、激励机制、技术支撑、市场结合等多种手段，本着"减量化、分类别、再利用、资源化、无害化"的原则，着眼于垃圾产生、减量、分类、回收、运输、处理、利用全生命周期过程管理和完整的产业链，按照有利于规范分类回收秩序、有利于降低回收利用成本、有利于提高回收利用效益的要求，构建符合我国国情的垃圾治理利用体系。

——从推进阶段层面，"十三五"时期将成为我国垃圾处理向垃圾治理转变的转折期。"统筹规划、协调推进，创新动力、多元治理，节约集约、共生循环，平稳运行、绿色环保"，最终形成垃圾多元、综合、全程和依法治理的可持续发展局面。

（二）建议措施

——完善生活垃圾等立法和规章。我国应该建立和完善垃圾分类的相关法律，把垃圾分类作为硬要求，明确政府、企业、公众责任，最终引导公众树立垃圾分类的意识，培养环保健康的生活习惯。在制定一套较完善的垃圾处理政策法规体系的同时，需要配套落实法规条例中相关条款的具体操作考核细则，明确条款推进的具体措施和各方权责，从而保障有法可依、执法有力，达到政策法规预期的目的。

——率先实行生产者责任延伸制。垃圾分类是一项社会工程，作为参与主体，生产厂商自是义不容辞、责无旁贷。按照"谁生产，谁负责"的原则，生产厂商应对垃圾的产生承担延伸责任，因此也有义务把这些垃圾回收再利用。

——多种措施促进公众广泛参与。强化公众分类意识，实现垃圾源头减量，提高垃圾分类参与率。公众是垃圾减量和分类的基础。要想建立长效机制，首先要大力开展普及全民的垃圾减量和分类教育，讲清垃圾分类的现实意义及对于群众的切身利益。其次有关部门对垃圾分类还需要加强引导和督导，让垃圾分类不仅在形式上，更在分类的内容、方法、措施上以及投放、收运环节等有质的飞跃，真正达到减排的目的。

——利益机制奖励吸引企业公众。为从源头上控制垃圾的排放量，政府还可通过垃圾收费、给予政策优惠和补贴等政策，鼓励企业参与到垃圾分类回收领域。对于垃圾产生源头的公众，可采取"以旧换新""积分兑换"等多种措施，激发民众主动回收垃圾、主动进行垃圾分类的热情，并通过一定的奖罚措施监督实施垃圾分类。

——预先做好垃圾回收处理规划。成长中的新型城镇化区域，要预先规划建立垃圾分类回收处理系统，形成大数据，科学决策，如要规划建设多少垃圾处理厂、怎么设计收运路线效率最高等。垃圾分类只有实现规模化，垃圾处理系统方可盈利，进入良性循环。只有与城管设施、专业生产线接轨，分类后的垃圾才能进行深度处理，才能有效地治理垃圾污染，改善生活环境，并且产出经济效益。

——创新垃圾管理机制形成合力。从城市废弃物整体着手，成立专门机构管理垃圾事务，或者是将分散的职能统一到某一协调机构形成合力。传统环卫行业可与再生资源回收利用行业相衔接，从垃圾的源头来服务，实现垃圾减量、回收、利用、处置、无害化全产业链，改变传统产业格局。

——完善垃圾基础设施产业链条。要完善基础设施，特别是提高中小城市和乡镇的垃圾处理能力。公众前端分类要和后端处理环节相衔接，后端加工利用和处理的手段决定前端的分类；垃圾分类利用要考虑市场需求，考虑成本费用。应建立与垃圾分类配套的再生产业，培育龙头骨干企业。各地可通过在城市近郊区建设固体废物综合处理园区，对污染物进行集中控制处理；对垃圾中的再生资源，合理回收利用其中有价值的原材料，形成循环经济产业园。

——完善标准规范提高技术水平。我国有关部门应进一步完善垃圾回收利用标准规范，其中既包括国家、地方、企业的技术标准，也包括环卫工作自身的标准。另外，要加强科技研发，创新垃圾回收处理的技术，积极推进垃圾治理的机械化、智能化。

——引入市场机制和第三方治理。借鉴供给侧的思维，引入社会资本参与垃圾分类和处理，政府购买第三方服务，借助市场的力量参与到环卫建设和管理中，优化垃圾分类处理体系，提升垃圾处理能力。国家应改变中小城市目前地方环卫部门大包干的环卫模式，引入市场机制，通过政策引导、经济扶持、价格补贴、税收优惠等支持，实现"管干分离"，做到投资主体多元化，使中小城市的垃圾处理主体向规模化、市场化转变。

——着力弥补农村垃圾治理短板。农村垃圾治理既是改善农村人居环境的重点，也决定了我国垃圾治理的成败。在传统"村收集、镇转运、县处理"模式的基础上，要因地制宜探索就地减量、就近处理的模式。建立村庄保洁制度、建立村庄保洁队伍，明确村民保洁义务。鼓励探索PPP模式，采用政府投资、村民集资、社会融资等多种渠道解决资金问题，有条件的地区公开招标专业保洁公司进行市场化运作，为社会资金参与农村生活垃圾收运设施的建设和运营敞开大门。各级政府应对本地区农村垃圾治理负总责，将农村生活垃圾治理纳入生态文明建设示范村镇考核内容，农村垃圾的治理情况纳入干部考核体系。

执笔人：程会强

参考文献

[1] 习近平. 习近平谈治国理政. 北京：外文出版社，2014

[2] 李晓东等译. 废弃物能源化——发展和变迁经济中机遇与挑战. 北京：机械工业出版社，2014

[3] 宋立杰等主编. 可持续生活垃圾处理与资源化技术. 北京：化学工业出版社，2013

[4] 中共中央国务院关于加快推进生态文明建设的意见，2015 年 4 月 25 日

[5] 住房城乡建设部等部门. 关于全面推进农村垃圾治理的指导意见（建村［2015］170 号），2015－11

[6] 广西林业厅. 广西农村沼气发展模式调研报告，2015－10

专题报告二

城镇化过程中邻避事件态势、特征及对策

——基于对全国典型邻避事件的分析

　　本报告通过文献调研，系统地梳理并剖析了近十多年来中国的邻避事件，重点分析了邻避事件的趋势、特征、影响及原因，并提出解决邻避事件的对策建议。从趋势来看，随着城镇化进程加快，邻避设施数量不断增多，与此同时，公众的环境权利意识不断增强，中国邻避事件正处于高发期。从邻避事件的特征来看，邻避事件以环境污染型为主、多数发生在东部经济发达省份、呈现出由大城市向小城镇和农村转移的态势。从邻避事件的影响来看，一方面能够降低对公众的福利损害，推动中国环境法治建设，另一方面也会降低政府公信力、影响社会稳定、造成公共资源浪费、有损政府向社会提供公共服务。中国邻避事件产生的原因主要包括：相关法律法规不健全，且落实不到位；项目规划选址不合理；环境监管不到位；信息公开不足，缺乏公众参与；政府对冲突的预警能力不足，维稳常以妥协收场；新闻媒体提供了诉求表达平台。本报告最后提出了相关建议，包括：通过环境立法进行规制和约束；实现选址决策全过程的信息公开，加强公众参与；加大对邻避项目的环境监管力度；提高环境邻避事件的应急处

理能力等。

　　许多集体消费的必要公共设施与非集体消费的生产设施具有负外部性，从而引起设施周围居民反对与抗争的现象，这一现象一般称为"邻避"。"邻避抗争"起源于欧美社会的城市化进程，当时在城市中兴建垃圾处理厂等市政设施经常会遭到附近居民的强烈反对，他们反对的诉求通常是"别建在我家后院"（Not in my backyard）[①]。O'Hare在1977年首次提出了邻避设施的概念，阐述了自1969年以来在英国的社区仅接受了炼油厂14个提案中的一个，揭示了其失败的原因是居民提出"我们需要炼油厂，但不要建在我家周围"，并迫使炼油厂遵守他们提出的要求[②]。邻避设施是指为实现特定的经济目标或为服务于公众而建设，却会对居民健康、生活品质、生命财产造成潜在的威胁与风险的设施[③]，如火力发电厂、垃圾填埋场、变电所等，大多数居民会享受到这类设施所带来的利益，但他们也往往会遭受较严重的负外部影响[④]。

　　中国的城市化进程不断加快，城镇化率已从1978年的19.4%提高到2015年的56.1%，预计2050年将达到76%[⑤]。与此同时，各种"城市病"也不断出现，如城市生态环境污染、人口老龄化带来的

---

　　① 崔晶："中国城市化进程中的邻避抗争：公民在区域治理中的集体行动与社会学习"，载于《经济社会体制比较》，2013年第3期，第167~178页。

　　② O'Hare M.，1997，"Not on my block you don't: facility siting and the strategic Importance of compensation"，Public Policy，Vol. 24，No. 4，PP407-458.

　　③ 吴翠丽："邻避风险的治理困境与协商化解"，载于《城市问题》，2014年第2期，第94~100页。

　　④ 赵小燕："邻避冲突治理模式探讨"，载于《法制与社会》，2013年第26期，第198~199页。

　　⑤ 李敏："城市化进程中邻避危机的公民参与"，载于《东南学术》，2013年第2期，第146~152页。

"未富先老"的压力、城市发展中的"能源荒"等问题。在中国城市化进程中，城市的急速扩张带来了大量外来人口的涌入，垃圾和废物的排放量也迅猛增加，居民的生活空间受到不断的挤压，部分城市垃圾围城比例已高达 40%，尤以特大城市广州、北京、上海为甚。因此，为了满足民众的生活需求，政府公共部门需要健全和完善与之相配套的基础设施①，用以消纳垃圾和废物的大型公共设施的兴建也成为迫切需要，而这些设施多以垃圾焚烧厂、垃圾填埋站为主，不可避免地造成邻避设施的增多②③。近年来，很多城市在不断地修建地铁、垃圾处理厂等市政设施来满足居民对于公共设施的需求。在这一过程中，有关邻避设施的冲突，即邻避抗争的问题正慢慢凸显④。因为，有部分公共设施不仅造成城市下垫面发生变化，更直接威胁到当地生活环境和居民健康，以至于遭受到当地社区民众普遍嫌恶或排斥，拒绝设施建在附近，邻避现象便出现，如居民反对在附近建垃圾焚烧厂。民众甚至还会采取集会、阻塞交通、集体上访、聚众闹事、围堵党政机关、静坐请愿等群体性抗争行为，对社会稳定造成很大影响。

中国城市化的快速推进使得城市的外延不断扩大，随之而来的有关邻避设施的群体性事件也不断增多⑤。1992 年至 2010 年，环境信访的来信总数从 55340 件增长到 701073 件⑥，18 年间增长了 11.7 倍。自

---

① 李敏："城市化进程中邻避危机的公民参与"，载于《东南学术》，2013 年第 2 期，第 146 ~ 152 页。

② 邓鑫豪、茹伊丽："'抗争之城'：从邻避冲突解读中国城市政治"，载于《城市发展研究》，2016 年第 5 期，第 113 ~ 118、124 页。

③ 崔晶："中国城市化进程中的邻避抗争：公民在区域治理中的集体行动与社会学习"，载于《经济社会体制比较》，2013 年第 3 期，第 167 ~ 178 页。

④ 崔晶："中国城市化进程中的邻避抗争：公民在区域治理中的集体行动与社会学习"，载于《经济社会体制比较》，2013 年第 3 期，第 167 ~ 178 页。

⑤ 崔晶："中国城市化进程中的邻避抗争：公民在区域治理中的集体行动与社会学习"，载于《经济社会体制比较》，2013 年第 3 期，第 167 ~ 178 页。

⑥ 资料来源：《中国环境年鉴》。

2011 年全国开通了"12369"环境污染举报热线和网络举报之后，投诉数量不断增加。电话/网络投诉数从 2011 年的 852700 件增加到 2014 年的 1511872 件，年均增长 21%[①]。仅北京市 2008～2011 年间反映环境问题的群体信访数量就以每年 30%的速度递增[②]，而环境受损的源头大都来自于周边的邻避设施[③]。尽管在一定程度上反映公众环境权利意识的觉醒，但邻避运动在中国有继续扩大化的态势，直至成为任何大型建设项目都很难跨越的鸿沟，阻碍经济建设，破坏社会的稳定发展，成为经济社会发展的困惑。因此，对邻避事件的研究显得非常重要，寻找有效化解邻避冲突的途径尤为紧迫。

本报告主要采用实证研究、统计分析及文献调研等研究方法，首先梳理了近十多年以来中国发生的环境邻避事件，并进行统计、分类、对比及趋势判断，剖析了中国邻避事件的发展趋势、特征及产生的影响，并重点分析了邻避事件产生的原因。进而，提出了中国应对邻避事件的对策建议。

一、中国近年来邻避事件的趋势、特征、影响

（一）近年来中国的典型邻避事件梳理

本报告根据过程中出现过激行为，并引起较大社会影响的标准，全面系统地梳理了近十多年来中国与邻避有关的典型环境群体性事件，共 66 件，如表 2－1 所示。

---

① 资料来源：《中国环境年鉴》。
② 鄢建彪："求解环境群体性事件"，载于《财经》，2012 年第 21 期，第 22～26 页。
③ 谭爽："浅析邻避型群体事件的生成及规避"，载于《北京交通大学学报（社会科学版）》，2014 年第 2 期，第 78～84 页。

表 2 - 1　　　　　中国（环境）邻避群体性事件分布

区域	省份	城市	年份	事件	邻避设施
东部	北京	北京	2003	望京西园居民抗议附近建加油站事件	加油站
			2006	六里屯垃圾焚烧发电厂抗议事件	垃圾焚烧发电厂
			2006	居民抗议北京南站改扩建工程	铁路
			2008	高安屯垃圾填埋场事件	垃圾填埋场
			2009	阿苏卫垃圾焚烧厂扩建工程	垃圾焚烧厂
			2009	居民质疑地铁 10 号线二期一路段设计离居民楼太近	铁路
			2009	万科青青家园居民抗议附近墓地事件	墓地
			2011	西二旗餐厨垃圾处理站事件等	餐厨垃圾处理站
			2012	居民反对京沈高铁北京城区段建设	铁路
			2013	居民与变电站纠纷	变电站
	天津	天津	2012	居民反对 PC 化工项目事件	PC 化工项目
	上海	上海	2005	杨浦虹杨变电站规划冲突事件	变电站
			2007	春申景城居民反对电力公司扩容高压线事件	高压线
			2008	沪杭磁悬浮事件	磁悬浮线路
			2012	松江垃圾焚烧项目引发群众"散步"抗议	垃圾焚烧厂
	广东	广州	2006	罗冲围松南路居民反对建加气站事件	加气站
			2006	荔新大厦业主抗议精神病治疗机构进驻事件	精神病治疗机构
			2008	110KV 骏景变电站项目事件	变电站
			2009	番禺垃圾焚烧发电项目	垃圾焚烧发电厂
			2009	千人集会抗议南景园变电站事件	变电站
			2013	李坑垃圾焚烧厂事件	垃圾焚烧厂
			2014	居民反对建萝岗垃圾焚烧厂事件	垃圾焚烧厂
		深圳	2009	白鸽湖垃圾焚烧厂事件	垃圾焚烧厂
			2009	龙岗上千居民堵路抗议建垃圾焚烧发电厂	垃圾焚烧发电厂
			2011	深圳东部全球最大垃圾焚烧厂选址公示因居民反对被撤	垃圾焚烧厂

续表

区域	省份	城市	年份	事　件	邻避设施
东部	广东	深圳	2013	LCD 工厂环境污染事件	LCD 工厂
			2014	200 市民反对建磁悬浮	磁悬浮线路
			2016	章阁附近居民极力反对兴建大型超级垃圾填埋及垃圾焚烧场	垃圾填埋场
		清远	2014	居民反对建通信基站	通信基站
		化州	2014	群众聚集反对丽岗镇建设殡仪馆	殡仪馆
		茂名	2014	反对 PX 化工项目事件	PX 化工项目
		东莞	2015	村民强烈要求关闭中国电信、中国移动和中国联通位于刘家墩村的移动通信基站	通信基站
	广西	百色	2012	靖西县信发铝厂事件	铝厂
	江苏	南京	2004	"常府街变电站"公众事件	变电站
			2008	南京市郊建 PX 项目遭质疑	PX 化工项目
			2008	南京汉口路西延之争	公路
		苏州	2009	吴江平望镇垃圾焚烧发电项目	垃圾焚烧发电厂
		海安	2010	垃圾焚烧致病案	垃圾焚烧厂
		无锡	2011	锡东垃圾焚烧厂事件	垃圾焚烧厂
		南通	2012	启东王子造纸厂排海管道排污事件	造纸厂
	福建	厦门	2007	海沧反对 PX 项目	PX 化工项目
		漳州	2013	反对 PX 项目	PX 化工项目
			2015	古雷 PX 爆燃事故	PX 化工项目
	浙江	宁波	2012	镇海 PX 项目引发群体性事件	PX 化工项目
		杭州	2009	西城年华小区居民反对精神病医院进驻小区事件	精神病治疗机构
			2014	余杭区中泰乡居民反对中泰垃圾焚烧发电项目	垃圾焚烧发电厂
			2014	2 万余居民联名反对九峰垃圾焚烧发电项目	垃圾焚烧发电厂
			2014	居民抗议小区内筹建老年护理中心	老年护理中心
		海盐	2016	海盐垃圾焚烧项目引争议，民众冲击管委会	垃圾焚烧厂

区域	省份	城市	年份	事 件	邻避设施
东部	辽宁	大连	2011	反对 PX 项目	PX 化工项目
	河北	秦皇岛	2009	秦皇岛农民的反焚运动	垃圾焚烧厂
	海南	乐东	2012	海南乐东莺歌海煤电厂事件	煤电厂
		海口	2014	海口市三江镇村民反对在建康乐花园医疗项目	医院
		万宁	2016	万宁市村民聚集反对建垃圾焚烧发电厂	垃圾焚烧发电厂
中部	江西	九江	2011	彭泽核电厂项目	核电厂
		赣州	2016	赣县王母渡镇建垃圾处理厂引发群体事件	垃圾处理厂
	湖北	仙桃	2016	民众抗议建设垃圾焚烧厂	垃圾焚烧厂
	湖南	益阳	2016	因群众反对，湖南叫停湘北垃圾焚烧发电项目	垃圾焚烧发电厂
		长沙	2016	宁乡多人煽动参与非法集会反对垃圾焚烧项目	垃圾焚烧厂
西部	四川	成都	2008	反对 PX 项目	PX 化工项目
			2009	育才小区反对附近建医院事件	医院
			2013	反对 PX 项目	PX 化工项目
		什邡	2011	钼铜项目事件	钼铜厂
		乐山	2014	小区居民强烈反对附近移动电信基站	通信基站
	重庆	重庆	2008	渝北区龙城天都小区居民要求附近殡仪馆迁址事件	殡仪馆
	云南	昆明	2013	反对 PX 项目事件	PX 化工项目

资料来源：网站新闻报道。

（二）中国邻避事件的趋势与特征

通过以上梳理发现，中国的邻避事件目前正处在高发期，数量不断增加，发生频率不断走高；并且，总结出中国环境邻避冲突的一些"外部特征"，包括时间分布特征、空间分布特征、邻避事件涉及的具体领域、邻避事件的类型等。

从发生时间来看，（环境）邻避事件最早出现在 2003 年，北京望京西园居民抗议附近建加油站，2008 年以后邻避事件频发（见图 2 - 1），2009 年达到顶峰，出现 11 起邻避事件，2014 年发生 10 起，2015 年下降到 2 起，但 2016 年又频频出现，仅上半年就有 7 件。可见，邻避事件仍处于高发态势。最近的一起邻避事件发生在 2016 年 6 月，湖北仙桃民众抗议建设垃圾焚烧厂，令当地居民走上街头的是，垃圾焚烧发电厂建厂未获告知，厂址距离居民区太近，居民担心影响生活或诱发疾病，对此，仙桃市市长录视频宣布停建垃圾焚烧站，请市民理性平和。可以看出，近些年来，随着公众环保意识的觉醒和提高，对环境质量的要求也在不断提高，对居住周边具有环境负外部性的设施建设更加敏感，再加上城镇化的快速推进，引发（环境）邻避事件频频出现。

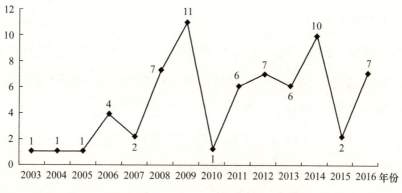

图 2 - 1　2003～2016 年邻避事件数量变化趋势

从空间分布来看（图 2 - 2），81.8% 的邻避事件发生在北京、天津、上海、广东、广西、江苏、福建、浙江、辽宁、河北、海南等东部经济较为发达的省份，7.6% 发生在江西、湖北、湖南等中部地区，10.6% 的发生在重庆、四川、云南等西部较为落后的地区。邻避运动最初发生在东部的北京、江苏、上海、广东等省市，后来进一步扩大和延伸，逐步向中、西部地区转移，例如，中部地区是 2011 年以后出现，西部地区是 2008 年之后出现了邻避问题。另外，邻避运动还呈现出由大城市向小城镇和农村地区转移的态势，比如，从一开始的北京、南京、上海、广州等大城市向化州市丽岗镇、杭州中泰乡、海口市三江镇等小乡镇和农村扩展。可见，大部分的邻避冲突均发生在经济较发达、社会生活水平较高的地区，尤其是一、二线城市①。

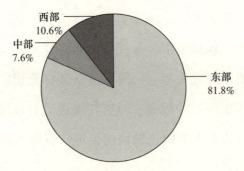

图 2 - 2 2003 ~ 2016 年邻避事件发生的空间分布

从邻避事件涉及的具体领域来看（图 2 - 3），最多的是有关生活垃圾处理设施建设问题，包括垃圾焚烧厂、垃圾填埋场、餐厨垃圾处理厂等，共占到 36.4%；其次是反对 PX 项目事件，占 15.2%；排第三位的是变电站事件，占 7.6%。另外还涉及建设加油站、加气站、墓地、精神病治疗机构、医院、磁悬浮线路、LCD 工厂、钼铜项目、造纸厂、核电厂、煤电厂等不同领域，占 40.9%。

冲突针对的"邻避设施"特征，有学者按照"预期损失—不确定性"维度的大小将邻避设施分为四类：污染类（如垃圾焚烧厂）、风险聚集类（如加油站）、污名化类（如戒毒中心）、心理不悦类（如殡

---

① 邓鑫豪、茹伊丽："'抗争之城'：从邻避冲突解读中国城市政治"，载于《城市发展研究》，2016 年第 5 期，第 113 ~ 118、124 页。

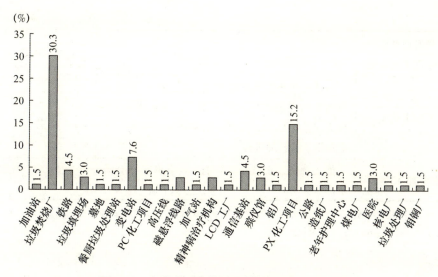

图2-3　各类邻避事件涉及的邻避设施所占比重

仪馆)[1]，见表2-2。结合中国实际可以发现，当前的邻避冲突多针对
"污染型"设施，共46件，占到69.7%，垃圾焚烧厂、PX化工项目等，
这类设施具备高预期损失、高度不确定性的特征。其次为风险聚集类，
占18.2%，污名化类和心理不悦类分别占7.6%和4.5%（图2-4）。

表2-2　　　　　　邻避型群体性事件主要类型与领域

邻避型群体性事件主要类型	基本含义	案例数量	占比
环境污染类	设施运行过程中可能产生空气、水、土壤及噪音等污染等（如：垃圾处理设施、污水处理设施、高速公路、市区高架），具有潜在风险性或污染性遭到公众反对	46	69.7%
风险集聚类	如变电站、加油站、发电厂、核电站、加气站等，该类设施风险高，发生概率低，但一旦发生必然造成巨大的人员和财产损失	12	18.2%

---

① 陶鹏、童星："邻避型群体性事件及其治理"，载于《南京社会科学》，2010年第8期，第63~68页。

续表

邻避型群体性 事件主要类型	基本含义	案例 数量	占比
污名化类	由于对某些群体的污名化，造成对于该类人群集聚的设施产生的反对情形，如戒毒中心、传染病治疗机构、监狱、精神病治疗机构、社会流浪人员救助机构	5	7.6%
心理不悦类	如火葬场、殡仪馆、墓地，具有满足社会需求的服务功能，但令周边居民感到不适	3	4.5%

资料来源：陶鹏、童星："邻避型群体性事件及其治理"，载于《南京社会科学》，2010年第8期，第63~68页；本研究梳理案例。

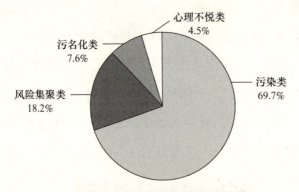

图2-4　各类邻避设施所占比重

上述总结的主要是外部特征，从内部特征来看，中国近几年发生的邻避运动过程有着共同之处：某地被曝，在当地绝大多数居民不知情状态下，有重大污染风险的项目准备兴建，这类项目对于当地的居民健康、自然环境、社区环境或房地产价值等有潜在的负面影响，而项目收益则主要体现在社区之外。这引发当地居民抗议，事态通过网络等载体进一步发酵和扩大，当地政府迫于民意最终选择取消项目[1]。

按照发生的时间先后，邻避运动分为三种类型。①事先预防型。

---

[1] "邻避效应时代呼吁规则的建立与理性的培养"，载于《中国经济导报》．http：//www. ceh. com. cn/epaper/uniflows/html/2014/05/03/B06/B06_ 57. htm。

以历史经验为依据，通过"邻避运动"方式阻止项目兴建，防止本地区可能遭受的环境危害。如 2016 年 6 月，湖北仙桃市民众因正在兴建的垃圾焚烧厂距离居民区太近，担心影响生活或诱发疾病，自发走上街头抗议垃圾焚烧项目，市长凌晨通过视频宣布停建。又如，2016 年 4 月，因群众反对，湖南益阳叫停湘北垃圾焚烧发电项目。②事后追究型。当环境危害发生后，受害者通过街头运动、司法诉讼等方式寻求正义公平的处理及相应赔偿。如 2014 年，四川乐山市的小区居民强烈反对附近的移动电信基站，要求拆除。③主动建设型。把整个生态环境当作自家"后院"，将制度改进作为目标，以司法宣传、社会运动等为手段，防止环境危害及追究环境责任。目前第三种类型在中国很少①。

（三）中国邻避事件产生的影响

邻避事件对经济社会造成的影响非常突出，中国邻避事件产生的影响大致分为两个方面。

一是积极的一面。①邻避现象本质上是对环境正义的维护②，体现了公民环境意识的觉醒，推动中国环境法治建设，推动环境保护工作。"环境邻避冲突"也是一种环境监督方式，是公众环境权的表现形式之一，它不仅可以维护环境正义，而且可以保证城镇化建设不偏离生态文明的大方向③。②部分邻避设施确实会对周边居民产生负面

---

① "别建在我家后院——'邻避运动'兴起，此起彼伏，冲击力量不可小视"，载于《中国环境报》。http://www.cenews.com.cn/gz/gzwq/201311/t20131115_750648.html。

② 张向和、彭绪亚、彭莉："基于人性公平视角的垃圾处理场邻避现象及其机制设计研究"，载于《求实》，2011 年第 S1 期，第 173 ~ 174 页。

③ 谭柏平："生态城镇建设中环境邻避冲突的源头控制——兼论环境影响评价法律制度的完善"，载于《北京师范大学学报（社会科学版）》，2015 年第 2 期，第 14 ~ 20 页。

影响，所以邻避运动在一定程度上能够将公众合理的诉求反映到上级政府决策部门，及时阻止或降低对公众的福利损害。

二是消极的一面。①在一定程度上影响政府的公信力，使政府公信力产生危机。事后看，一些邻避事件中公众没有道理。邻避问题很容易愈演愈烈，如果不能得到及时有效的解决，势必会削弱政府的公信力，对社会秩序和稳定程度造成威胁。②环境邻避冲突危害社会稳定，是对社会建设与社会治理的一大挑战，并进一步加深公众与政府之间的隔阂，有损社会诚信。当邻避设施建设偏离生态与公益目标时，居民的反抗情绪会进一步激化[①]。③部分邻避设施在建设完成后，运行时遭到附近居民反对和抗议，最终不得不停止运行，而且邻避设施多数投入很大，这会造成社会公共资源的极大浪费。④邻避设施项目搁置，在一定程度上会影响政府对公共设施的建设规划，有损城市政府向社会提供公共服务。⑤随着邻避设施赞成者和当地居民之间分歧的固化甚至扩大化以及对抗双方缺乏充分的沟通协调，在一定程度上会加剧公民间的分裂[②]。⑥乡村居民在当前城乡二元体制之下，拥有的医疗救助服务较差，经济能力较弱，表达自己诉求的渠道也较贫乏。由此也造成了部分邻避设施经过邻避冲突后转移至乡村地区。这对当地居民的身体健康以及当地的生态环境造成损害，应对能力较弱的乡村居民往往还将遭受医疗救助、经济因素等方面的"二次受害"[③]。

---

① 谭柏平："生态城镇建设中环境邻避冲突的源头控制——兼论环境影响评价法律制度的完善"，载于《北京师范大学学报（社会科学版）》，2015年第2期，第14~20页。

② 唐庆鹏、康丽丽："用地冲突，还是公共性危机？——邻避问题认知与治理的演进脉络"，载于《天津社会科学》，2016年第1期，第73~77页。

③ 李德营："邻避冲突与中国的环境矛盾——基于对环境矛盾产生根源及城乡差异的分析"，载于《南京农业大学学报（社会科学版）》，2015年第1期，第89~98、126页。

二、中国邻避事件的原因分析

邻避事件相对集中地发生在某些年份，一定程度上反映了之前埋下的邻避设施"隐患"被引发，且在短时间内表现出"井喷"的状态，也使得邻避冲突成为城市治理的一个重要问题，已进入政府和公众的视野①。根据本研究对中国 66 件环境邻避事件的梳理，结合相关学者的研究，认为邻避事件产生的原因主要有以下六个方面。

（一）相关法律法规不健全，且落实不到位

一方面，中国通过《环境影响评价法》《环境影响评价公众参与暂行办法》《环境保护行政许可听证暂行办法》等规范工程项目的建设并引导公众行为，但缺乏对"社会稳定风险评估"的顶层设计，导致当环境评估效果不佳时，缺乏有效防范邻避事件的制度设计②。另外，各项制度中的民主机制、维权渠道并未真正落实，而是更多地停留在法律文本中，使公众参与流于形式，侵害了民众的知情权和参与权，这也是其抵制行为的导火索。另一方面，对于邻避事件的处置，大部分地区还以"办法""制度""规定"等形式发布风险评估与处置的指导意见，尚未纳入法律层面，缺少法律效力和约束力。而已有的法律散见于《突发事件应对法》《集会游行示威法》中，缺乏整合，

① 邓鑫豪、茹伊丽："'抗争之城'：从邻避冲突解读中国城市政治"，载于《城市发展研究》，2016 年第 5 期，第 113～118、124 页。

② 谭爽、胡象明："环境污染型邻避冲突管理中的政府职能缺失与对策分析"，载于《北京社会科学》，2014 年第 5 期，第 37～42 页。

在处理实际问题时衔接不畅①。

（二）项目规划选址不合理

邻避设施建设涉及的利益主体包括政府、邻避设施周边居民、邻避设施施工方、论证专家等②。邻避冲突是基于个人利益而反对邻避设施建设和提出环境权利诉求的环境公民权实践，是一种基于个体利益和追求个体利益的"权利"实现过程③。很多邻避设施隐含政府本身的利益，政府未对这些冲突的利益进行协调和平衡，将成本及风险转嫁给邻避设施周边的公众④。在项目环评方面，项目规划选址没有充分考虑公众利益，无法满足公众对防护距离的要求⑤，设施运行后会给周边居民带来健康危害，使居民利益直接受损。而且，距离邻避设施越近的居民受到设施的消极影响越大，反之则越小⑥。例如，2013 年深圳居民抗争 LCD 工厂环境污染事件，一个很重要的原因是 LCD 工厂距离居民楼太近。深圳人居委公布的环境影响报告书显示，该项目地点位于深圳高新产业园，西临城市主干道科苑大道，东侧、南侧、北侧由科惠路、科智路和科华路三条城市支路围合。环境敏感受体有多个，如科苑花园仅 18 米，五洲医院仅 25 米，科技园大厦仅

---

① 谭爽、胡象明："我国邻避项目社会风险防控现状与对策"，载于《中国应急管理》，2013 年第 7 期，第 54～58 页。

② 唐明良："新型工业化城镇化背景下浙江应对邻避冲突的选择——风险沟通及其实现"，载于《浙江学刊》，2013 年第 2 期，第 215～221 页。

③ 孙旭友："邻避冲突治理：权利困境及其超越——基于环境公民权视角"，载于《吉首大学学报（社会科学版）》，2016 年第 2 期，第 81～86 页。

④ 范少虹："论'邻避冲突'中的政府依法行政"，载于《暨南学报（哲学社会科学版）》，2013 年第 3 期，第 47～52、161 页。

⑤ 鄢德奎、陈德敏："邻避运动的生成原因及治理范式重构——基于重庆市邻避运动的实证分析"，载于《城市问题》，2016 年第 2 期，第 81～88、103 页。

⑥ 李晓晖："城市邻避性公共设施建设的困境与对策探讨"，载于《规划师》，2009 年第 12 期，第 80～83 页。

50 米，南山外国语学校和大冲水厂等距离该项目不超出 200 米①。

（三）环境监管不到位

中国环保产业起步晚，部分排放标准、环保监管等方面不够严格，一些垃圾焚烧、污水处理厂等环保项目运营不善、污染超标，臭气、烟尘处理不到位甚至偷排，影响整个产业形象，政府的环保监管缺乏力度②，甚至有的地方政府为了发展经济以放松环境监管为代价，造成企业违法排污现象较为普遍，给公众身体健康造成威胁以及心理上的抵触。例如，北京某垃圾焚烧项目建有实时监测设备，检测数据应实时传送到环保局的监控屏幕上，但实际上，实时监控和传输系统没有启用。作为替代性方案，环保局通过委托下属检测机构进行抽检，但检测时间间隔长达数月，结果可信度受到公众质疑③。又如，2012年天津市居民反对 PC 化工项目，据了解，大港石化产业园区内的企业存在夜间偷排漏排，对环境造成污染，每当刮风时，周边居民经常能闻到各种怪味，酸苦味、臭味、苦杏仁味等④。而对于上述企业偷排漏排情况，当地环保部门没有进行有效监管。因此，政府对邻避设施的建设和运行缺乏有效的环境监管，容易诱发邻避事件。

（四）信息公开不足，缺乏公众参与

中国目前关于邻避设施建设的决策遵循着"决定—宣布—辩护"

---

① 中国污染严重，深圳 LCD 生产变身"毒工厂"？http：//tech. tgbus. com/201301/20130130092907. shtml。

② http：//m. thepaper. cn/newsDetail_ forward_ 1500332？from = singlemessage&isappinstalled =0。

③ 陈玲、李利利："政府决策与邻避运动：公共项目决策中的社会稳定风险触发机制及改进方向"，载于《公共行政评论》，2016 年第 1 期，第 26～38、182～183 页。

④ 天津化工项目曾遭遇市民抗议，2012 年。http：//www. szhgh. com/Article/news/society/2015－08－18/93483. html。

的模式。在项目建设选址时，政府官员和专家进行封闭式决策，自主确定和认定项目的最优地点，然后将决定公之于众①。地方政府在决策权力方面的垄断导致邻避设施建设决策表述含糊不清、决策过程中的价值冲突难以调和以及参与地位不平等②。目前，中国邻避问题的公众参与没有得到足够重视。信息公开不充分，公民参与机制不健全、公民利益表达渠道不畅通导致公众不能获取邻避设施的环境信息，公众的邻避意识极易引发共同的抵制行为。例如，2009 年，北京居民反对阿苏卫垃圾焚烧厂扩建事件，起因就是阿苏卫垃圾焚烧项目在民意征求不足的情况下启动环评并公示，从而引发群众不满。又如，2013年 5 月 4 日，约 3000 名市民在昆明市中心的南屏街聚集游行，对中国石油天然气集团公司云南 1000 万吨炼油项目下游拟筹建的对二甲苯项目（简称 PX 项目）表现出抵制情绪，要求政府加强项目的信息公开和环保监督；5 月 16 日，千余名市民因要求项目信息公开的请求未得到完全满足，再次聚集游行，从而产生市民反对 PX 项目的邻避事件③。在邻避设施建设项目方面，信息不公开导致公众的知情权难以得到保障。一是民众缺乏对有关知识和项目信息的了解，无法对邻避风险作出客观评价④，易于接受不准确或错误的概念。如，2009 年杭州市西城年华集体抵制精神病院进驻，担心精神病人跑出来伤人，而实际情况，该医院只是进行医疗鉴定，并不收治精神病人，所以并不

---

① 王佃利、王庆歌："风险社会邻避困境的化解：以共识会议实现公民有效参与"，载于《理论探讨》，2013 年第 5 期，第 138～143 页。

② 张乐、童星："'邻避'冲突管理中的决策困境及其解决思路"，载于《中国行政管理》，2014 年第 4 期，第 109～113 页。

③ 王立剑："城市邻避冲突的理论解释及其治理策略"，载于《城市发展研究》，2015 年第 3 期，第 44～50 页。

④ 徐祖迎、朱玉芹："邻避冲突治理的困境、成因及破解思路"，载于《理论探索》，2013 年第 6 期，第 67～70 页。

会对周边居民产生安全隐患。二是部分利益相关主体刻意隐瞒信息，有些房地产开发项目，开发商在售房时未如实告知房屋周边的公共设施规划，房屋建成群众入住时发现周边环境与预期不符，心理上自然难以接受①。

（五）政府对冲突的预警能力不足，维稳常以妥协收场

中国对于环境邻避事件的管理主要集中在后期处置阶段，预防性措施不足，常常耗费了大量人力、物力、财力，却效果不佳，维稳的结果往往就是妥协。近几年，随着冲突频发，政府开始逐步树立"风险预警"理念，但由于公共决策系统在长期运行过程中形成的"路径依赖"特性，致使地方政府在应对策略或具体操作方式上不能及时采取措施做出调整②，地方政府在建立具体的社会稳定风险评估方面还很不成熟。特别是对项目建设前期公众的心理、利益、权利等诉求缺乏关注与正确引导，未能将冲突引导至可控范围内，成为风险升级的导火索③。例如，2014 年海口市三江镇村民反对在建康乐花园医疗项目、2012 年江苏启东居民反对王子造纸厂排海工程事件、2011 年四川什邡反钼铜项目事件、2014 年广东化州群众聚集反对丽岗镇建设殡仪馆事件多个邻避项目等，这些项目，政府维稳的最终结果都是永久停建。

---

① 鄢德奎、陈德敏："邻避运动的生成原因及治理范式重构——基于重庆市邻避运动的实证分析"，载于《城市问题》，2016 年第 2 期，第 81~88、103 页。
② 刘小魏、姚德超："新公民参与运动背景下地方政府公共决策的困境与挑战——兼论'邻避'情绪及其治理"，载于《武汉大学学报（哲学社会科学版）》，2014 年第 2 期，第 42~47 页。
③ 谭爽、胡象明："环境污染型邻避冲突管理中的政府职能缺失与对策分析"，载于《北京社会科学》，2014 年第 5 期，第 37~42 页。

（六）新闻媒体提供了诉求表达平台

根据中国互联网信息中心 CNNIC 发布的第 37 次《中国互联网络发展状况统计报告》的数据显示，截至 2015 年 12 月，中国网民数量达 6.88 亿，互联网普及率为 50.3%，网络已经成为中国社会名副其实的"第一媒体"①。新闻媒体的介入对邻避事件有正反两个方面的作用。一方面，新兴媒体的运用起到了极其重要的信息传播与交流媒介的作用②，越来越成为周边居民反烧反建诉求表达的最重要平台，若没有媒体对环境风险的呈现与对环境议题的持续建构，环境事件将难以成为地区性乃至全国性的公共事件③。例如，2011 年的四川什邡反对钼铜项目事件，公众因担心钼铜项目引发环境污染问题，通过网络对项目环保问题进行议论，并逐渐发展为网上串联、组织抗议活动等④。另一个方面，新闻媒体的深入报道也是一个对公众进行环保教育的过程，增强抗议行动的博弈能力，进而构成对政府公共决策的外部压力，是推动政府公共政策调整的最重要因素之一⑤。

三、中国应对邻避事件的对策

（一）通过环境立法进行规制和约束

——进一步完善《环境保护法》，尤其要细化信息公开和意见征

---

① "中国网民达 6.88 亿互联网普及率首超 50%"，载于中国新闻网，http://news.xinhuanet.com/city/2016 – 01/23/c_ 128659627. htm。

② 刘洋、隋吉林、陈弘明、杨美琼："'邻避效应'倒逼地方科学环境治理"，载于《环境保护》，2013 年第 13 期，第 37 ~ 38 页。

③ 郭小平："'邻避冲突'中的新媒体、公民记者与环境公民社会的'善治'"，载于《国际新闻界》，2013 年第 5 期，第 52 ~ 61 页。

④ 谭爽、胡象明："公民性视域下我国邻避冲突的生成机理探析——基于 10 起典型案例的考察"，载于《武汉大学学报（哲学社会科学版）》，2015 年第 5 期，第 36 ~ 43 页。

⑤ 高军波、乔伟峰、刘彦随、陈昆仑："超越困境：转型期中国城市邻避设施供给模式重构——基于番禺垃圾焚烧发电厂选址反思"，载于《中国软科学》，2016 提第 1 期，第 98 ~ 108 页。

询等方面内容，将邻避项目决策、选址、建设、运营等全过程各环节的信息纳入公开范围，尤其是涉及环境污染的信息，通过法律切实保证公众的项目知情权和参与权。

——建议修订《环境影响评价法》，明确规定在进行重大"邻避"设施的环境影响评价时要开展与环境风险有关的社会稳定风险评价，降低因环境风险估计不足导致的社会群体性事件。

——健全环境诉讼机制，有独立的行政或司法裁决作为保障，完善环境信访投诉平台，设立举报电话、网上投诉、及时反馈等多种渠道，让公众用正当手段保护自身环境权益。

——明确公众环境权利的边界，规定邻避设施与相邻住户之间权利义务的相关制度，使公众维护自身免受环境负面影响的权利行驶在合法范围内，进一步加强对邻避设施周边居民享有城市居民同等环境质量的保护。

（二）实现选址决策全过程的信息公开，加强公众参与

——推进信息公开，提高公众参与度。强化信息公开，满足公众的知情权。建议邻避设施公开以下信息：环境影响评价相关法律、法规、规章及管理程序；建设项目环境影响评价审批；建设项目竣工环境保护验收；建设项目环境影响评价资质管理信息。在选址决策和建设中，应进行充分的宣传教育，召开公众大会，征求周边居民意见和专家的环评意见。采用问卷调查或民意访谈形式，使民众的意见表达获得尊重。

（三）加大对邻避项目的环境监管力度

——加大基层环境监管力量，加强对邻避项目策划、设计、施工、

运营管理等全周期的环境监管，对项目的不同阶段设计有针对性地监管重点，实现对项目风险的有效控制。

（四）提高环境邻避事件的应急处理能力

——有条件的地方政府应对重点企业、项目编制环境应急预案，成立专门处理突发环境事件的"环境应急办公室"，并定期组织企事业单位进行应急演练。

——提高环境监测的技术装备水平，提高应急监测能力，及时发现潜在风险，尽快给出突发事件的准确监测结果。

执笔人：李佐军　陈健鹏

杜倩倩（中共北京市怀柔区委党校）

参考文献

[1] 崔晶．中国城市化进程中的邻避抗争：公民在区域治理中的集体行动与社会学习．经济社会体制比较，2013（3）

[2] 邓鑫豪，茹伊丽．"抗争之城"：从邻避冲突解读中国城市政治．城市发展研究，2016（5）

[3] 董正爱．社会转型发展中生态秩序的法律构造——基于利益博弈与工具理性的结构分析与反思．法学评论，2012（5）

[4] 范少虹．论"邻避冲突"中的政府依法行政．暨南学报（哲学社会科学版），2013（3）

[5] 高军波，乔伟峰，刘彦随，陈昆仑．超越困境：转型期中国城市邻避设施供给模式重构——基于番禺垃圾焚烧发电厂选址反思．中国软科学，2016（1）

[6] 管在高．邻避型群体性事件产生的原因及预防对．管理学刊，2010，23（6）

[7] 郭小平．"邻避冲突"中的新媒体、公民记者与环境公民社会的"善治"．国际新闻界，2013（5）

[8] 李德营．邻避冲突与中国的环境矛盾——基于对环境矛盾产生根源及城乡差异的分析．南京农业大学学报（社会科学版），2015（1）

[9] 李敏．城市化进程中邻避危机的公民参与．东南学术，2013（2）

[10] 李晓晖．城市邻避性公共设施建设的困境与对策探讨．规划师，2009（12）

[11] 刘洋，隋吉林，陈弘明，杨美琼．"邻避效应"倒逼地方科学环境治理．环境保护，2013（13）

[12] 刘小魏，姚德超．新公民参与运动背景下地方政府公共决策的困境与挑战——兼论"邻避"

情绪及其治理. 武汉大学学报（哲学社会科学版），2014（2）

[13] 孙旭友. 邻避冲突治理：权利困境及其超越——基于环境公民权视角. 吉首大学学报（社会科学版），2016（2）

[14] 谭柏平. 生态城镇建设中环境邻避冲突的源头控制——兼论环境影响评价法律制度的完善. 北京师范大学学报（社会科学版），2015（2）

[15] 谭爽. 浅析邻避型群体事件的生成及规避. 北京交通大学学报（社会科学版），2014（2）

[16] 谭爽，胡象明. 环境污染型邻避冲突管理中的政府职能缺失与对策分析. 北京社会科学，2014（5）

[17] 谭爽，胡象明. 我国邻避项目社会风险防控现状与对策. 中国应急管理，2013（7）

[18] 谭爽，胡象明. 公民性视域下我国邻避冲突的生成机理探析——基于10起典型案例的考察. 武汉大学学报（哲学社会科学版），2015（5）

[19] 唐庆鹏，康丽丽. 用地冲突，还是公共性危机？——邻避问题认知与治理的演进脉络. 天津社会科学，2016（1）

[20] 唐明良. 新型工业化城镇化背景下浙江应对邻避冲突的选择——风险沟通及其实现. 浙江学刊，2013（2）

[21] 陶鹏，童星. 邻避型群体性事件及其治理. 南京社会科学，2010（8）

[22] 王立剑. 城市邻避冲突的理论解释及其治理策略. 城市发展研究，2015（3）

[23] 王佃利，王庆歌. 风险社会邻避困境的化解：以共识会议实现公民有效参与. 理论探讨，2013（5）

[24] 吴翠丽. 邻避风险的治理困境与协商化解. 城市问题，2014（2）

[25] 吴云清，翟国方，李莎莎. 邻避设施国内外研究进展. 人文地理，2012（6）

[26] 徐祖迎，朱玉芹. 邻避冲突治理的困境、成因及破解思路. 理论探索，2013（6）

[27] 鄢德奎，陈德敏. 邻避运动的生成原因及治理范式重构——基于重庆市邻避运动的实证分析. 城市问题，2016（2）

[28] 鄢建彪. 求解环境群体性事件. 财经，2012（21）

[29] 张乐，童星. "邻避"冲突管理中的决策困境及其解决思路. 中国行政管理，2014（4）

[30] 张向和，彭绪亚，彭莉. 基于人性公平视角的垃圾处理场邻避现象及其机制设计研究. 求实，2011（S1）

[31] 赵小燕. 邻避冲突治理模式探讨. 法制与社会，2013（26）

[32] O'Hare M.，1997，"Not on my block you don't: facility siting and the strategic Importance of compensation"，Public Policy，Vol. 24，No. 4，PP407 – 458

我国城市发展天然气分布式能源的思路与对策

　　建设生态文明与新型城镇化、工业化需要能源清洁化、低碳化转型的支撑，天然气分布式能源正是这样一种高效清洁低碳紧凑的能源供需形式，在技术经济特征上符合能源转型要求，在适用范围上符合中国城镇化与工业化要求，对于中国在生态文明背景下实现绿色城镇化意义重大。

　　我国天然气分布式能源起步晚、规模小、比重低，仍处起步阶段，电力、天然气等领域体制机制性制约因素较多。电力体制改革的深入、油气体制改革的即将到来将为天然气分布式创造机会，我国已具备天然气分布式能源较快发展的条件，能源互联网的推出必将进一步加快天然气分布式能源的发展。

　　天然气分布式能源前景看好，应鼓励与规范并重。建议：一是深化能源体制改革，完善市场和价格体系，释放天然气分布式能源竞争力；二是鼓励探索创新，加快示范项目建设，逐步建立行业标准规范，促进市场繁荣；三是加快技术创新，实现技术＋本土化＋成本优势；四是借助"互联网＋"，让天然气与可再生能源通过智能电网深度融合。

一、天然气分布式能源是高效低碳的能源利用方式

目前国际上对分布式能源尚无统一的定义。一般来讲，分布式能源是指将能源系统以小规模、小容量（设计产能吻合区域能量负荷）、模块化、分散化的方式布置在用户端，可独立地传输冷、热、电能的系统，是相对于传统集中式能源生产和供应模式（主要代表形式是"大电厂＋大电网"）而言的一种新型的能源系统。其具有三大特点：一是分散在用户端，区别于传统的集中式发电和供热；二是通过能源梯级利用，最大程度提高能源利用效率；三是充分利用可再生能源及清洁能源[①]。

理论上讲，几乎任何能源均可作为分布式能源系统的燃料。但由于天然气资源的保障、管网的发展和良好环保性能，目前国内外的分布式能源系统主要以天然气资源为主。国家发改委《关于发展天然气分布式能源的指导意见》指出，天然气分布式能源是指利用天然气为燃料，通过冷热电三联供等方式实现能源的梯级利用，综合能源利用效率在70%以上，并在负荷中心就近实现能源供应的现代能源供应方式，是天然气高效利用的重要方式。

（一）天然气分布式能源是紧凑的清洁高效能源利用形式

1. 能源梯级利用原理

科学用能原理是分布式能源理论体系的精髓，即采用各种先进技

---

① 长江证券："中国能源革命不是梦"系列专题报告之二：天然气分布式能源渐行渐近，行业研究（深度报告），2013 年，第 4 页。赵志渊："天然气分布式能源的应用与发展"，载于《中国新能源产业发展报告（2014）》，2014 年，第 282 页。

术，通过"分配得当、各得所需、温度对口、梯级利用"的方式优化配置资源，最大限度地提高一次能源利用效率，并减少能源转换过程中的浪费。对于天然气分布式能源来说，能源梯级利用是其技术经济特征的核心原理（图3-1）。

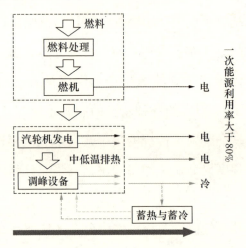

图3-1 天然气分布式能源梯级利用原理

资料来源：《中国新能源产业发展报告（2014）》。

传统的电厂在将燃料转化为电能后，往往抛弃了大量多余的热能，而且由于一般远离用户，需要长距离的高压电网和低压配电网输送给用户，并由此造成输配电的进一步损耗，因此，传统的供能方式效率较低，最高也就40%左右，大量的能源被浪费掉了。而天然气分布式能源则通过热电联产或冷热电三联供的方式，采用能量梯级利用原理，先发电，再利用发电余热供热、供冷，由于贴近用户，可以实现就近供能，同时实现了能源从高品位到低品位的优化利用，使一次能源综合利用效率高达70%~80%，并大幅减少了输配电的损耗①。

由于天然气在燃烧过程中基本不排放烟尘与二氧化硫等有害物

---

① 北京节能环保促进会：《发展分布式能源系统的体制性约束及对策研究》，能源基金会中国可持续能源项目，2011年，第3页。

质，等热值的二氧化碳排放量约为石油的 54% 和煤炭的 48%，因此，建设天然气分布式能源系统是作为高品质能源的天然气的最佳使用途径。由于燃料本身的低碳清洁以及实现了能源梯级利用，天然气分布式能源系统较之传统的电、热、冷分产系统具有显著的节能减排收益（图 3 - 2）。

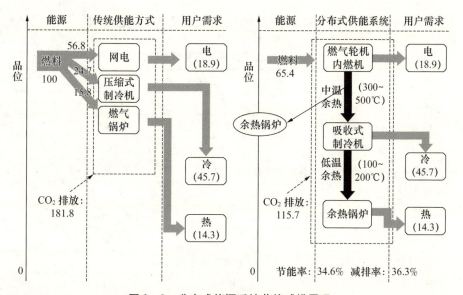

图 3 - 2　分布式能源系统节能减排原理

注：传统的功能方式中，假定燃料的能源为 100 千焦，其中 56.8 千焦用于发电，由于各项损失，用户仅能得到 18.9 千焦的电能；24.7 千焦的能源用于压缩式制冷机制冷，其 COP 为 1.85，故用户得到 45.7 千焦的冷量；15.8 千焦的能量通过燃气锅炉对用户供热，其效率为 90%，故对外可供热能 14.2 千焦。而整个系统二氧化碳的排放量为 181.8 吨/年；而天然气分布式能源系统对用户提供相同的电能、冷能和热能时，其燃料能量消耗量仅为 65.4 千焦，而二氧化碳排放量为 115.7 吨/年，较传统功能系统来说，该系统节能 34.6%，二氧化碳减排 36.3%。

资料来源：《中国新能源产业发展报告（2014）》。

2. 两种主要应用形式

天然气分布式能源系统主要由燃气轮机和内燃机两种形式（表 3 - 1）。燃气轮机分布式能源系统中，中小型燃气轮机的发电效率较低，一般在 35% 左右，通常以联合循环作为基础进行冷热电系统扩展，其发电效率通常在 45% 左右。燃气轮机自身发电效率较低，其排烟温度通常在500℃左右，因此其供热、制冷能力较强，以联合循环为基底的燃气轮机分布式能源系统的供冷（热）/电在1.5~2.0范围内。相比燃气轮机分布式系统，内燃机分布式能源在简单循环发电效率、启动时间、安放位置和占地面积等方面具有优势，但内燃机分布式系统的容量规模较小，同时，其制冷供热能力相对于燃气轮机来说处于较低水平，其供冷（热）/电比例为0.7~1.0范围内[①]。

表3-1 天然气分布式能源两种主要形式比较

动力装置	中小型燃气轮机	内燃机
技术状态	商业应用	商业应用
发电效率（%-LHV*）	25~40（简单循环）	35~45
规模（兆瓦）	0.5~50	0.05~10
运行维护费用（百万元/千瓦）	0.002~0.006	0.005~0.01
安装费用	中	中
可用率（%）	90~98	92~97
大修间隔（小时）	30000~50000	24000~60000
启动时间	10分钟至1小时	10秒
燃料	气体燃料、油	气体燃料、油
噪音	较高	较高
NO_x排放（千克/兆瓦时）	0.14~0.91	0.18~4.5
安放位置	地上	可地下
占地面积	0.2~0.5平方米/千瓦	<0.25平方米/千瓦

注：*表示以低位发热量为基础计算得到的效率。
资料来源：《中国新能源产业发展报告（2014）》。

3. 投资可行性衡量的关键因素

虽然具有良好的节能减排收益，但天然气分布式能源的投资收益却受多种因素的影响。主要有以下几个主要方面。

---

① 赵志渊：天然气分布式能源的应用与发展，载于《中国新能源产业发展报告（2014）》，2014年，第290页。

（1）年运行时间

天然气分布式能源系统最经济的运行工况是在发电运行成本低于电网用电电价时刻，因此全年能否在长时间内保持最佳运行工况，即拥有较高的年可利用小时数，将是决定投资收益情况的关键（图3-3）。

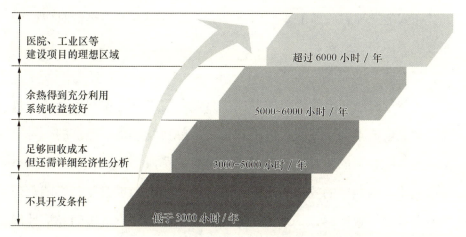

图3-3　天然气分布式能源不同运行时间的整体效益

资料来源：华电电力科学研究院，2014。

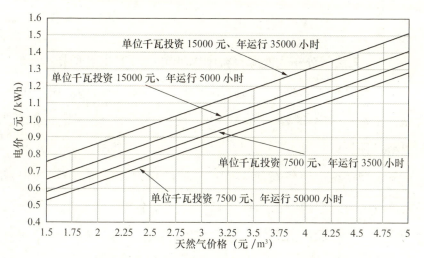

图3-4　天然气分布式能源气价和电价情况

注：本表按天然气热值34MJ/Nm³，项目投资回报期十年，溴化锂制冷COP1.2计算。

资料来源：华电电力科学研究院，2014。

（2）气、电价格差异化

由于天然气是主体燃料，电力是主要的能源产出，因此电价、气价等是分布式能源系统运行经济性的重要影响因素（图3-4）。理想的差异化价格是较低的气价和较高的电价。此外，冷价、热价是天然气分布式能源项目收益的重要组成部分，合适的冷价与热价对建设分布式能源项目非常有利。

（3）电热负荷的一致性

天然气分布式能源系统如果仅作为发电使用不考虑利用余热的效益，则发电成本高于目前市电平均价格，单独发电是不经济的。对于热负荷变化较大的建筑物或者负荷率很低的场所，能源综合利用效率一般很难达到期望的效果，并且发电机的使用寿命也会受到影响。而电热负荷的一致性越好，系统能源利用效率越高，所带来的经济性回报越好，投资回收期越短，若年运行超过50%的余热得到利用，则系统经济较好。

（二）天然气分布式能源符合中国城镇化与工业化要求

天然气分布式能源系统的应用非常广泛，但根据不同用户类型的特点，在系统规模和特点上有较大差异。大致分为楼宇型、区域型和产业型三种类型①。

楼宇型系统主要针对楼宇单一类型的用户，建筑规模相对较小，系统比较简单，用户的用能特点和规律差异不大。由于用户的负荷具有随季节、工作、生活规律不同而变化的特点，系统的运行应实时跟踪负荷的变化而变化。这类联供系统目前应用数量最多，建筑面积一

---

① 北京节能环保促进会：《发展分布式能源系统的体制性约束及对策研究》，2011，第6~8页。

般在几十万平方米以内，用户类型包括办公楼、商场、酒店、医院、学校、居民楼等。在楼宇型系统中，多采用微燃机和燃气内燃机为发电装置的分布式能源系统。

区域型系统指在一定区域内多种功能建筑构成的建筑群，建筑群各组成部分的能量需求有显著差异，不同功能建筑的负荷种类、用能规律、负荷曲线都有所不同。负荷分析时需要以"同时使用系数"考虑不同功能建筑负荷变化的不同。用户类型包括商务区（含商场、酒店、办公楼等）、金融区（金融中心、办公楼、酒店等）、机场、火车站、大学、新城（含部分住宅）、综合社区等。该类型联供系统广泛应用较大功率的燃气内燃机和各种型号的燃气轮机发电机组，可采用多台机组并联或若干能源站以及微电网或区域电网，区域冷网、热网组成的区域能源系统。

产业型指产业相对集中的工业园区、高新技术区、经济开发区等。在区域中集中较多的工业企业，不同工业企业的用能特点有所不同，如钢铁、化工、冶金、建材等企业的工艺流程较复杂，有大量能流与物流的转换过程，耗能大，热负荷比例高，需要大量热水或蒸汽供应，24 小时连续用能；另一些企业如家电、通信、服装、玩具制造等大部分负荷是动力用电，电负荷大、电热比高。产业型用户的建筑面积可由几百万平方米到数千万平方米，更多采用大容量燃气轮机热电联产机组，包括燃气 - 蒸汽联合循环热电联产装置。

我国正处于工业化深化和推进新型城镇化发展的进程中，有利于同步推进区域总体能源规划和分布式能源规划，天然气分布式能源潜在市场十分广阔，包括公用建筑节能改造、城市商务区、大型公建设施、具有高负荷密度的数据中心、区域供热供冷、工业园与经济开发区能源中心等。

二、发展天然气分布式能源对于绿色城镇化意义重大

（一）有利于优化能源结构，减少土地占用

我国早已超越美国成为世界第一的能源消费和碳排放的国家，然而由于资源禀赋、粗放型发展以及政策性的原因，导致以煤为主的能源结构长期难以调整。我国煤炭占一次能源消费的比重高达66%，而世界平均水平只有30%，作为清洁化石能源的天然气，占我国一次能源消费的比重仅有5.8%，而世界平均水平则为23.7%，我国人均用气水平也仅为国际平均水平的29%。煤电是我国电力装机和发电的主要机组，煤电装机占比超过60%，煤电发电量占比则超过70%，而燃气装机和发电量占比则小于4%。此外，不同于发达国家煤炭主要用于集中发电，我国煤炭大体上一半用于集中发电，还有一半用于分散使用。因此，过度依赖煤炭的能源结构以及煤炭分散使用程度高的现状，造成我国能源效率始终不高，对土壤、水和大气的污染严重，铁路公路运输不堪重负，煤炭安全事故频发，而且也承受巨大的国际温室气体减排压力。

因此，降低煤炭占一次能源消费占比、提高煤炭集中发电比例是调整我国能源结构、推动能源转型的重要战略目标。而从资源赋存和国内外发展条件来看，天然气具有资源量不断提高、输送损耗低、分布广泛、清洁环保、经济性逐步提高的特点，大力发展天然气分布式能源能够有效发挥协同效应，有助于解决能源效率低、系统安全、环境污染、碳排放和可再生能源并网消纳等一系列问题。

天然气分布式能源具有灵活性、体量小等特点，管道供气不需要堆场，大幅减少了城市能源系统的土地占用。

（二）有利于保障能源供应的安全性和可靠性

我国资源与需求逆向分布的基本格局，决定了在一定时期内还要在能源资源富集地区集中发展大型煤炭、煤电、水电、核电基地并大规模利用风能和太阳能发电，同时通过铁路、水运网络和发展远距离特高压输电网络，形成以北煤南运、西电东送为特征的大范围跨区域能源输送和配置格局。这种集中的供能方式会在能源传输过程中带来损耗和环境污染，更会给能源供应的安全性和可靠性带来极大的风险。因为，其严重依赖大规模的能源基础设施建设，不仅包括远距离的能源输送网络，而且还需要在负荷区域建设能源站和储备调峰设施，随着用能负荷和可再生能源装机容量的快速增长，给能源基础设施在供需两侧都带来了巨大的调节风险和设备闲置问题。而一旦由于战争或是其他原因造成电网等基础设施一处出现故障，就会带来巨大的影响，引起大面积的停电，损失不可估量。

而天然气分布式能源正是由于贴近用户、灵活运行，不但可以大幅降低能源输送的损失和成本，而且可以作为大电网的有效补充，降低可再生能源发电、电力需求负荷对大电网的影响以及燃气负荷对城市气网的影响，促进可再生能源并网消纳，保障能源网络的稳定性。无论天然气分布式能源和电网任何一方发生故障，都可以彼此安全脱离，互不影响。

此外，对于没有架设电网的边远地区或分散的用户，对供电安全稳定性要求较高的医院、银行等特殊用户，能源需求较为多样化的用户，都可以采用天然气分布式能源，满足特殊地点和用户的个性化需求。

（三）有利于城市电网和气网的双重调峰

随着我国经济持续较快发展以及能源基础设施的建设，电力和天然气需求快速提高，但负荷时间分布极不均衡（特别是在用能负荷高的地区），夏冬季节和昼夜峰谷差别很大。为保障有效平稳供给，天然气主要靠在负荷区域增加储气装置来调节（按照全年最高用气负荷来设计），由于季节和昼夜峰谷差较大（北京高达1：10），储气容量很大，带来了峰期用气短缺、谷期大量燃气装置闲置的问题。而电力由于难以大规模存储，具有瞬时供需平衡的特征，为保障电力供给安全，一方面要增加调峰电源以提高供电能力，另一方面要进行电力需求侧管理，目前主要是通过实施峰谷差别电价等政策，鼓励用户高峰少用电、低谷多用电，以达到削峰填谷的目的。

而由于电力和天然气在季节和昼夜负荷具有逆向分布的特点，可以通过发展天然气分布式能源来有效缓解负荷地区的电力、天然气削峰填谷、平稳运行的问题。主要体现在两方面[1]：

一是体现在电力和天然气季节峰谷差的互不调剂上（图 3 - 5）。城市地区尤其是北京等大城市，电力需求的高峰期在夏天，天然气需求的高峰期在冬天。在这些地区发展天然气分布式能源，夏天多用燃气发电供热供冷，在增加电力供给的同时还减少了空调、制冷设备的用电，不仅有力地缓解了夏天电力供给不足的矛盾，也可增加天然气消费，缓解夏季燃气过剩的矛盾。

二是体现在昼夜电力峰谷差的削峰填谷上（图 3 - 6）。天然气分布式能源具有运行灵活、启停方便的特点，可在白天多发电并向电网供电参与调峰，晚上少发电或不发电而更多使用大电网谷电，为电网削峰填谷和最大限度接纳风电、水电、光伏发电上网创造条件，同时，也通过利用电网峰谷差别化电价获得经济效益。

---

① 范必："关于加快天然气冷热电联供能源发展的建议"，载于《国务院研究室研究报告》，总 445 号，2011，第 5 页。

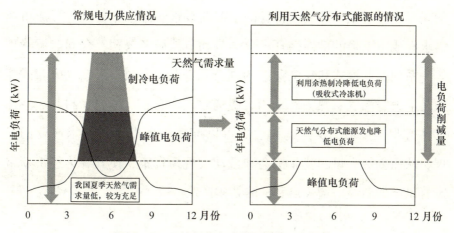

图 3 – 5　天然气分布式能源季节双向调峰

资料来源：华电电力科学研究院，2014。

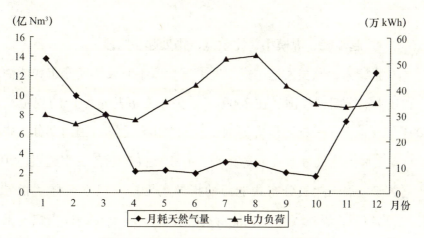

图 3 – 6　天然气分布式能源昼夜双向调峰

资料来源：北京燃气集团公司，2015。

（四）有利于形成新的经济增长点

巨大的人口规模和快速推进的城镇化进程以及一直以来的集中式
生产、供能模式使天然气分布式能源在我国有广阔的发展空间。随着
商业化项目的逐渐增多和市场的成熟，天然气分布式能源所必需的燃
气轮机、燃气内燃机、余热锅炉、余热溴化锂机以及其他相关的设备、
管道、控制系统会有很大的市场需求。这必然会推动关键设备制造业

的兴起和国产化，并通过自身的学习曲线逐步降成本，从而形成市场需求和成本下降的良性循环，也会带动节能服务公司、合同能源管理等一系列商业模式和经济业态的创新和普及。同时，天然气分布式能源是电力、燃气、热力、动力、暖通空调、自控、信息、材料、环保等多行业多技术的交叉与融合，可以推动一大批高新技术产业的发展，从而创造大量的就业机会和撬动大规模资本，使其成为经济新常态背景下的新经济增长点和战略新兴产业。

三、我国天然气分布式能源发展面临的突出问题

（一）起步晚、规模小、比重低，仍处起步阶段

20 世纪末，欧美发达国家发展了三十多年的天然气分布式能源理念和技术被介绍到我国。在 2000 年《关于发展热电联产的规定》和 2004 年《能源中长期发展规划纲要》相继出台之际，国内部分大中城市启动发展天然气分布式能源计划，并积极推进示范工程建设。2011 年《关于发展天然气分布式能源的指导意见》（以下简称《指导意见》）出台后，天然气分布式能源行业更是受政策支持进入快速推进期，大批项目开展研究论证。但受市场供需形势影响，2013 年 7 月及 2014 年 9 月非居民用天然气价格两次上调，使行业发展遇到很大困难。

天然气分布式能源在国际上发展迅速，但在我国还处于起步阶段。我国开始发展天然气分布式能源仅十余年，装机容量占比不足 1%。这与世界各国总发电量中约 10% 来自分布式能源的比例相比很低。从分类上看，区域式项目主要在大型社区和工业项目中发展，楼宇式项目成为提高建筑能效的重要选择。从分布上看，呈现点状集中，

仅在北京、上海、广东等资源充足、经济发达地区发展较快。从性质上看，多为政府主导的示范项目、城市地标项目。从效率上看，与燃煤的传统火电和供热相比，物理能效较高、经济能效较低，且前者改善程度高于后者。从数量上看，发展规模仅为"十二五"规划目标的不足一成。据能源局不完全统计，截止到 2013 年年底，已建和在建的天然气分布式能源总装机将近 2GW，占发电总装机不到 1%，年用气量 5 亿立方米左右，占天然气总消费量的 0.3%。据中国城市燃气协会分布式能源专委会数据库不完全统计，截至 2014 年年底，我国已建和在建天然气分布式能源项目（项目单机规模小于 100MW，且能源利用效率高于 70%）装机容量已达 3.8GW。其中已建成项目 82 个，在建项目 22 个，筹建项目 53 个①（图 3 - 7）。总体上看，我国天然气分布式能源的装机规模、能源系统占比、效率指标、普及程度等方面和国际先进水平相比还有巨大差距。

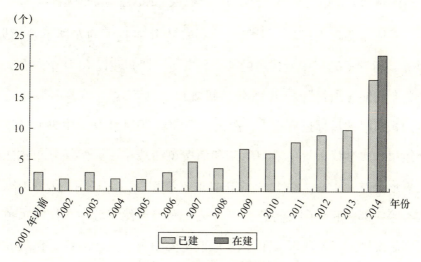

图 3 - 7　项目建设时间趋势

资料来源：中国城市燃气协会分布式能源专委会，2015。

---

① 中国城市燃气协会分布式能源专业委员会、GE：《开启天然气分布式能源的未来》，2015年，第 12 页。

目前我国天然气分布式能源发展比较快的区域主要有北京、上海、广东、天津、江苏、浙江等（图3-8）。主要原因：区域经济发达，投资能力强，区域对冷、热、电价格承受能力强；区域产业集中，冷热负荷相对集中且稳定；各区域政府发展节能减排压力大，发展低碳、循环、高效能源经济积极性高，对新兴节能、环保项目财政补贴能力强，因此降低项目投资，项目盈利能力强[1]。

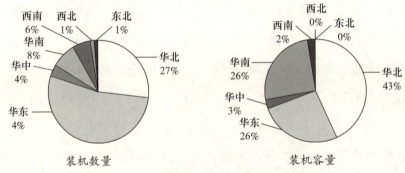

图3-8　各区域发展天然气分布式能源情况

资料来源：《中国华电集团公司天然气分布式能源发展研究报告（征求意见稿）》，2015。

受体制和政策影响，天然气分布式能源在我国的发展不及预期，距离《指导意见》中所提出的"'十二五'期间建设1000个左右天然气分布式能源项目"和2015年装机规模达到5GW、2020年装机规模达到50GW的目标还有很大的距离。但随着2014年9月中央财经领导小组第六次会议中提出能源生产和消费革命战略，天然气分布式能源发展形势发生了很大变化，利好政策密集出台。2014年10月国家发改委等三部委联合印发特急文件《关于发展天然气分布式能源示范项目实施细则》，12月31日国家发展改革委印发《关于规范天然气发电上网电价管理有关问题的通知》。2015年3月《中共中央国务院关于

---

① 中国华电集团公司：《中国华电集团公司天然气分布式能源发展研究报告（征求意见稿）》，2015年，第14页。

进一步深化电力体制改革的若干意见》下发文件中列举当前七项重点
任务中，提出了要"全面放开用户侧分布式电源市场，积极开展分布
式电源项目的各类试点和示范"的要求。天然气分布式能源发展面临
着新的历史机遇。

（二）气侧量价与电侧上网等多重问题制约发展

我国天然气分布式能源发展还存在不少问题，导致发展不及预
期，其中包括技术、经济、市场及运营管理等方面的障碍。虽然天然
气分布式能源具有非常高的能源效率和多重协同效益，但行业能否健
康发展的核心仍是经济性问题，多年来的天然气价格过高和气源气量
不稳定，多余电量无法并网输送，项目建设缺少规范细则，这些是横
亘在天然气分布式能源面前的三座大山，只有通过进一步的改革和落
实配套政策才能推动其良性发展。

分布式能源在国内所遭遇的所有问题的原罪是我国落后能源体
制，尤其是电力体制与油气体制不适应新兴能源利用方式的发展和应
用。输入侧（底板）方面，燃料气价与供气方式是影响成本与稳定运
行的重要原因。除了一些基于工业园区的区域式项目可获得较廉价的
直供气外，多数项目尤其是楼宇式项目的供气价格和供气方式被特许
经营权下的城市燃气公司锁定，用户没有选择权也没有议价能力。输
出侧（顶板）方面，旧有电力体制影响天然气分布式能源项目的成本
摊薄，表现在就近供电与售电难、被附加备用容量费等，计划电价、
气价与市场热价也双侧挤压天然气分布式能源的盈利空间。

通过广泛跟踪和调研来看，我国天然气分布式能源面临的主要制
约因素如下。

1. 观念意识落后

一方面，政府部门、能源企业、投资决策人对天然气分布式能源

认识不足，不利于产业推广。虽然国家对天然气分布式能源做出了原则性的定义，但在实际运行中，由于其在能源系统中处于辅助地位，无论是地方政府、企业还是相关协会和研究机构，各方对其重要性的看法和认识不一致。一些政府部门对它的优势和必要性缺乏基本的了解，对国家要求优化天然气消费结构和利用方式的政策认识不足；对其产业发展的认识和定位各不相同；对其产业发展的基本原则和应用条件认识不足等。

另一方面，用户的观念也亟待更新。由于尚未将天然气分布式能源的环保外部性和其他协同效益内部化、货币化，导致天然气分布式在核准和经济性比较时往往都以燃煤发电和燃煤锅炉作为标杆，由此不但造成核准程序的烦琐和耗时，还会因为煤价、气价和发电价格的不合理比较关系，得出天然气分布式不经济和不确定性大的结论，用户从而放弃分布式能源，选择传统的供能方式[1]。

2. 法律法规不完善

一是存在缺位问题。我国的《节能法》和《可再生能源法》虽相继规定了对发展冷热电联产的鼓励和可再生能源项目合法并网的问题，却没有对能源的综合利用效率问题提出明确的鼓励政策，而这正是天然气分布式能源的优势所在。

二是存在不合理限制的问题。目前《电力法》明确指出，发电上网要具备发电资质的企业，并经过电网企业同意。而分布式能源本身具有小型化、多用途和零散的特征，决定了难以满足法规的要求，成为天然气分布式能源上网的一大制约因素。

三是缺乏标准体系支撑。我国对天然气分布式能源还没有制定能效

---

[1]　刘满平："我国天然气分布式能源发展制约因素及对策研究"，载于《中外能源》，2014年第19卷第1期，第4页。

标准，使得一些项目忽视了合理选择规模，导致运行负荷不匹配，经济性大打折扣。同时也缺乏系统建设标准，系统设计、施工、验收及运行管理均无规章可循，各设计单位依照自我的认知建设分布式能源，缺乏规划的原则性和参照系，致使分布式能源开发存在着广泛的内耗现象。

3. 机制不适应

天然气分布式能源是跨越了天然气、电力、市政、科技和装备等多个领域，而其中与电网和燃气企业的关系尤为密切，直接影响其经济性和整体效率。但现实中电网企业对发展天然气分布式能源积极性不高，甚至有抵触情绪，其原因是受制于不合理的机制。由于天然气分布式能源具有自发自用、多余上网、余缺网补的特点，对电网来说是辅业范围，其引发的电流双向流动会造成网压的升高和冲击，引发精确计量、电网改造和责任承担的问题，同时天然气分布式能源发展越多，意味着不但电网的用户会减少，还会被抢占其他的市场份额，从而导致其根本没有发展天然气分布式的内在动力。此外，对燃气企业来说，处于自身利益的考虑，往往不愿意给予天然气分布式能源的稳定持续用户比较优惠的气价和接入费用，从而使天然气分布式受电网和燃气公司的两头挤压。

另外，天然气分布式发展不是能源主管部门单独可以解决的问题，住建与规划部门的影响更具有决定性。

4. 政策不配套

我国天然气分布式能源发展仍处于起步阶段，与单纯的燃煤发电相比，建设成本和运营成本相对较高。从国际经验来看，在这个阶段政策扶持对产业发展至关重要。从当前相关配套政策看，我国在国家层面及地方层面均陆续出台了鼓励天然气分布式能源发展的支持政策，提出了发展目标及措施，但其中条款大多只是做了一些原则性的规定，配套的鼓励和补贴政策很少，可操作性不强，如税收优惠政策、天然气价格折让、上网电价、电力直供等问题都无法落到实处。

5. 技术待突破

一是天然气分布式能源系统的关键部件严重依赖进口，核心技术有待突破。分布式能源站的技术设备主要包括燃气轮机、余热锅炉、压缩式制冷、吸收式制冷、蓄冷、蓄热设备以及控制系统和设备。所有这些硬件设备中，目前国内在技术上还与国外有较大差距的主要是燃气轮机的制造、超低温制冷系统和大面积集中供冷系统的控制、微型燃机的离心压气机和旋转材料等方面，缺乏具有自主知识产权的先进技术，其中。国内燃机90%依靠进口，10%是国产。

二是智能电网技术有待突破。目前微电网自愈控制、分布式电源及微电网、智能互动用电及需求侧响应等关键技术还需要深入研究。

四、天然气分布式能源的发展潜力巨大

天然气分布式能源的发展符合"节约、清洁、安全"的国家能源发展战略，也体现了能源结构调整、城市化与工业化、产业转型升级相结合的要求。部分地方政府已经制定天然气分布式能源发展规划和产业扶持政策，为其他地区政府提供可资借鉴的经验。加上自2014年6月份以来的国际及国内油价持续下跌带动国内天然气价格回落、电力体制和油气体制改革扫除天然气分布式能源发展主要障碍，天然气分布式能源迎来了新的发展期。

（一）城镇化与工业化需要能源转型的支撑

天然气分布式能源是实现能源系统清洁化、低碳化的重要途径。

城镇化需要紧凑、灵活的能源系统，尤其是公共建筑与住宅采暖领域是解决建筑能耗持续增长的重点领域；工业化需要经济、低碳的能源系统，尤其是工业园区的综合能源服务和微网建设，小型燃煤锅炉改造是煤改气的重点领域；城市或工业存量老旧能源系统的升级改造及去煤化也需要更加清洁高效的能源。天然气分布式能源具有上述要求的清洁高效特点，是优化能源系统的重要支撑和过渡期的可靠选择。

天然气分布式能源发展将让城市能源系统更加清洁绿色和高效。一是提高区域能源综合利用效率，在特定地区大力推进区域天然气分布式能源建设。在城市工业园区、新型小城镇聚集区、旅游集中服务区、生态园区等大型区域能源负荷中心，应大力推进区域天然气分布式能源项目建设。二是建设绿色高效城市能源系统，在城市高密度区因地制宜发展楼宇天然气分布式能源项目。在城市医院、宾馆、大型商场、影剧院、商务楼宇、大型车站等交通枢纽以及其他大型公共场所，因地制宜发展楼宇天然气分布式能源系统。三是天然气与可再生能源结合可更加绿色，创新发展多能源互补利用的分布式能源。在条件具备的地区，鼓励结合太阳能、风能、地源热泵等可再生能源，创新发展多能源互补利用的分布式能源。

2015 年被看作"天然气分布式能源元年"，项目大批出现，进入实质性开发阶段。一方面，更多央企开始涉足天然气分布式能源，巨头进入形成了良好的带动效应。2015 年以来，中海油气电公司、南方电网、中石油、国华电、中广核等纷纷布局天然气分布式项目。另一方面，以天然气分布式能源为主的综合供能体系正在推广，意味着行业可以得到可持续发展。未来，天然气分布式能源的输入将是以天然气为主，但还会有太阳能、风能、火电等作为补充，目的都是保障供能的稳定性、高效性。随着城镇化的推进及环保约束趋紧，天然气分布式能源在城市高密度区、工业园区等特定地区将大有可为。

（二）天然气分布式能源已具较快发展条件

能源与经济的转型发展将为天然气分布式能源提供发展良机。我国未来的转型发展需要能源转型支撑，天然气分布式能源是城市能源系统的重要选择。我国未来将建设绿色、高效的城镇化，需要灵活、清洁的能源微系统，工业转型升级与园区循环化需要集成、高效的能源供应微系统，未来低排放社区的发展也离不开分布式能源。中央关于"十三五"规划建议也明确提出，减少政府对价格形成的干预，全面放开竞争性领域商品和服务价格，放开电力、石油、天然气、交通运输、电信等领域竞争性环节价格。"互联网＋智慧能源"及创新发展也将引领新兴商业模式在能源领域发挥作用。

1. 气源供应充足，气价有望走低

资源总体宽松，天然气下游可竞争领域参与资格的放开、进出口放开及气价市场化将有利于天然气价格进一步走低，将进一步提升天然气分布式能源的经济性和竞争力。

根据我国天然气中长期发展预测的结果，天然气供需总体上中短期偏宽松、长期趋稳。天然气基础设施的建设发展与"网运分开"的贯彻落实，将进一步为多气源创造条件，进一步保障供应。未来10～15年，天然气供给不再成为天然气分布式能源发展的限制条件。

天然气价格改革日益推进，未来将有市场化的燃料气价格与更灵活的供气选择，体现了"基础开放、大众参与"和"市场驱动"的原则。发改委宣布2015年4月1日起天然气存量气与增量气价格正式并轨，11月18日发布《关于降低非居民用天然气门站价格并进一步推进价格市场化改革的通知》，凸显国家加快天然气市场化改革的决心。

油气体制改革将"管道网运分开""放开竞争性环节政府定价""放开下游环节竞争性业务"作为改革重点,可以预期将有更多的天然气销售主体出现,流通环节效率将有较大提升,市场化改革后的价格也将有所降低。目前,国际 LNG 现货价格持续走低,据预测将维持较长时间,新增市场主体也将提供更加多元、灵活的供气方式和更经济的燃料气。

2. 大幅提升天然气比重的政策支撑力度大

政府重视天然气分布式能源发展,并将天然气分布式能源用气列为优先发展类,并已开始解决并网运行、上网电价形成机制等问题。政府制定了雄心勃勃的计划,据华电电科院预测,2020 年在全国规模以上城市推广使用分布式能源系统,装机规模达到 5000 万 kW。"十三五"及中长期,我国天然气比重将大幅提高,天然气分布式能源将是重要的利用途径,也将有很大发展空间。

项目政策环境日益完善,多部委与重点城市规范与激励并重,体现了"探索创新、示范先行"和"科学监管"的原则。2011 年 10 月,我国公布《关于发展天然气分布式能源的指导意见》公布以来,全国有天然气分布式能源项目获得了政策激励。2014 年年底,发展改革委、能源局和住建部联合印发《天然气分布式能源示范项目实施细则》,完善了天然气分布式能源示范项目审核、申报等管理程序。在中央政策的鼓励下,各地纷纷出台相关细则。2015 年起,长沙市每年安排预算资金 3000 万元用于天然气分布式能源项目及相关产业链的发展,预计年末将建设 20 个天然气分布式能源项目,总装机达 800 兆瓦,年天然气消耗量 10 亿立方米,年发电量 40 亿度。环保方面的排放限制政策趋紧,环境税逼近出台与碳税加紧研究,工业园区循环化改造等,都将成为有利于天然气分布式能源发展的倒逼条件。

3. "互联网＋"为天然气分布式能源发展提供契机

2015 年 7 月国务院印发《关于积极推进"互联网＋"行动的指导意见》指出，发展"互联网＋"智慧能源，通过互联网促进能源系统扁平化，推进能源生产与消费模式革命。指导意见特别指出，要加强分布式能源网络建设，实现分布式电源的及时有效接入，逐步建成开放共享的能源网络。2016 年 2 月发布的《关于推进"互联网＋"智慧能源发展的指导意见》（发改能源〔2016〕392 号）也提出，"鼓励发展天然气分布式能源，增强供能灵活性、柔性化，实现化石能源高效梯级利用与深度调峰"，多项重点任务均与天然气分布式能源相关。

天然气分布式在我国的发展将以提高能源综合利用效率为首要目标，给用户带来便捷、经济的能源体验。"十三五"时期，将仍以实现节能减排任务为工作抓手，重点在能源负荷中心建设区域分布式能源系统，如城市工业园区、旅游集中服务区、生态园区等；因地制宜发展楼宇分布式能源系统，鼓励创新发展多能源互补利用的分布式能源系统。重点在能源负荷中心建设区域分布式能源系统，如在天然气供应有保障的地区或经济发达、能源品质要求较高的地区建立示范工程，通过示范工程积累经验，为大规模推广奠定基础。鼓励创新发展多能源互补利用的分布式能源系统，在条件具备的地方开展天然气与太阳能、风能、地热能等多种可再生能源互补利用的工程示范，并为今后的大规模推广应用奠定基础。

以天然气为代表的化石能源参与能源互联网是"互联网＋智慧能源"的发展方向和重点任务之一，是"互联网＋化石能源"的重要标志。发展天然气分布式能源将有利于实现：第一，推动化石能源生产消费基础设施智能化，推动化石能源与信息通信基础设施深度融合；第二，建设多能（化石能源与可再生能源、一次能源与二次能源、热冷气电储等）协同综合能源网络；第三，营造开放共享的能源互联网生态体系，培育绿色能源灵活交易市场模式，以具体实践落实电力体制改革、油气体制改革、绿色城镇化及能源转型；第四，带动能源互联网的关键技术攻关，包括支持能源互联网的核心设备研发、支持信息物理系统关键技术研发、支持系统运营交易关键技术研发以及自主燃机研发与制造现代化。

（三）未来天然分布式能源的区域发展重点

1. 天然气分布式能源的重点发展区域将是首选高城镇化率地区

华东、华北、华南都是天然气分布式发展的优先地区和优势地区。这些地区都是我国城镇化程度较高的地区，经济发达，能源价格承受能力强；民用需求稳中有升，工业需求更讲质量。这些地区是用气用电负荷集中区，对冷、热产品需求旺盛；气源丰富且多元化，天然气管网、LNG 接收站等基础设施条件较好；用电用气的季节性明显；环境倒逼落实更加彻底。

京津冀协同发展的区域能源协同转型，天然气分布式肩负重任。天然气替代散煤已成为该地区大气污染联防联控的重要手段，大幅提升天然气比重是该地区能源协同转型的有力抓手。产业重心布局将伴随京津冀协同发展，一些重大基础设施建设和新兴工业园区的建设将给天然气分布式能源提供更好的参与机会。冬奥会的申办成功，让北京－张家口一线的相关清洁能源基础设施和重点项目获发展良机，结合可再生能源的微网社区正在建设。

2. 其他地区也将各具优势发展天然气分布式能源

东北、西北、华中、西南地区总体上该条件不如华东、华北、华南地区，但也各具有利条件，共同点是这些地区都是城镇化发展的潜力区，将有更多的城市公共建筑出现，工业化中，新园区出现和旧园区的循环化改造也将提多种供能源需求。中长期看，东北也将面临能源清洁低碳转型，东线俄气将为未来煤改气提供气源支撑；西北、西南近气源地，重化工产业亟须能源供给转型；华中、西南是产业转移的重点目的地区，新的产业聚集下或将出现很多新的工业园区。东北、西北、西南的可再生能源丰富，有利于与天然气分布式能源共同组建低碳绿色微能源系统，生态保护区等微网也需要天然气作为稳定的输入能源。

3. 开发区循环化改造将成为天然气分布式能源的新舞台

开发区是节能改造与循环化改造的重点。各类开发区集中了相当一部分我国高耗能产业和先进制造业，同时贡献了近三分之一由开发区工业增加值。随着产业升级和淘汰过剩产能，这些园区企业优化能源供应势在必行，这也是园区循环化改造的重点。物业式的综合能源服务将提供解决方案，由第三方专业公司提供的节能改造及冷、热、气、电等一揽子能源服务，有利于降低这些企业的能源成本，同时实现清洁高效。售电与售气的放开，让这种专业能源服务的大范围推广成为可能，能源互联网政策的推出，也将让能源综合服务进一步将天然气与可再生能源等相结合，让园区能源系统更加清洁、低碳、高效率。

五、发展天然气分布式能源的政策建议与未来展望

（一）政策支持，创造发展条件

——深化能源体制改革，完善市场和价格体系，释放天然气分布式能源竞争力。

电力体制改革进一步深化。将解决制约电力行业科学发展的突出矛盾和深层次问题，促进电力行业又好又快发展，推动结构转型和产业升级。将通过改革，建立健全电力行业"有法可依、政企分开、主体规范、交易公平、价格合理、监管有效"的市场机制。

油气体制改革也已经启动。建议参照《中共中央国务院关于进一步深化电力体制改革的若干意见》中深化电力体制改革的路径进行油气体制改革，搭建管住中间、放开两端的体制架构，尤其是下游可竞争领域的市场化。

旨在改变电网以独家买电卖电方式盈利，最终要以接受政府监管的输电服务为盈利模式的输配电价改革试点已经在深圳和内蒙古西部率先展开。重要的是要解决用户的用电选择权和无歧视开放电网。这必将为分布式能源与电网在售电市场上的冲突解套。

1. 完善市场和价格体系

长期以来天然气分布式能源行业受到市场及价格体系不合理的影响。要进一步释放天然气分布式能源的比较优势，我们建议重点考虑以下方面。

第一，充分考虑天然气分布式能源具有削峰填谷的特点，对天然气分布式能源实行调峰气价、可中断气价、大用户气价、季节性气价等价格政策。加快天然气交易中心建设，加快建立与国际的 LNG 价格接轨的天然气现货和期货市场。

第二，要发挥天然气分布式能源的优势，赢取经济利益，必须加快电价改革步伐和力度，尽快实施尖峰电价、季节性电价、环保补偿电价等价格改革措施并完善竞价机制。

第三，形成及时、顺畅的价格联动机制（上下游联动、油气联动、气电联动、气热联动等）。

第四，进行资源税、环境税、碳税改革，真实反映天然气与煤炭的合理比价。

第五，逐步提高居民用气价格，实行阶梯定价。遵循国际市场规律，理顺工业、商业、居民生活用气价格结构。

2. 制定合理的财政、税收、金融等支持政策

目前，天然气分布式能源系统较传统方式初投资高，运行成本受电力上网价格、天然气价格制约较高，从国外经验来看，财政补贴、减免税收、低息贷款、贷款担保等均是鼓励发展天然气分布式能源的有效措施。建议能源主管部门在财政、税收、金融等方面给予天然气分布式能源项目支持。

国家发展和改革委员会、国家能源局等能源主管部门已发布行业宏观发展目标和指导政策。国家三部委联合发布《关于发展天然气分布式能源示范项目实施细则》，提出了在财政、税收、金融等方面支持的框架性要求。

需要各省级和地方政府确定实现国家宏观目标的具体方式，建议各地尽快出台符合当地产业发展情况的详细的鼓励扶持政策。国家层面需要加强对文件落实情况的督促检查。

3. 鼓励上中下游各方深度合作，尤其是市场化过渡期

鼓励上中下游各方参与，促进深度合作鼓励中央级的电力、能源企业参与分布式能源项目建设，让产业价值链上各个环节主体共同投资建设分布式能源，实现利益共享、成本分摊，行业上下游所遇困难就有可能迎刃而解。调动地方资本参与项目的积极性，实现地方与中央合作共赢。大力扶持专业化的能源服务公司，专业化的服务团队有助于分布式能源项目的优化运行，降低运营成本，提高分布式能源项目的产品价格竞争力。发展一批除现有大型电力设计院以外的分布式

能源专业化咨询设计机构，培育一批经济效益好、带动能力强、发展潜力大的骨干企业，形成行业龙头，引领分布式能源行业的发展方向。只有形成各方参与、深度合作的良好局面，才能为分布式能源的发展创造出良好环境。

4. 落实现有各项政策，严格执行相关法规

落实国家和各地已明确的相关所得税、增值税、营业税、税前列支等税收优惠政策；减少或取消对天然气分布式发电电价包含的各类基金、附加和费用等，降低分布式发电成本。依托《关于进一步深化电力体制改革的若干意见》，鼓励社会资本投入天然气分布式能源项目建设。

（二）鼓励探索，发展规范并重

允许不同模式的分布式能源项目发展，加快示范项目建设，逐步建立行业标准规范，促进市场繁荣。

1. 加快落实煤改气，并推进微网示范项目建设

建议在经济发达、天然气供应充足、能源需求高的城市，加快建设一批天然气分布式能源示范项目，探索分布式能源推广各项制约因素的解决方法。总结示范项目的成功经验及研究成果，尽快形成促进分布式能源规模化、规范化发展的管理办法、标准体系及政策措施，为未来分布式能源的推广利用创造条件。

一方面，推进落实煤改气，探索城市及特定限制排放区。加强落实低效燃煤锅炉淘汰，推进天然气三联供项目新建与改建。积极推进河北等地燃煤采暖的燃气改造工作。探索在生态保护区及城市特定地区设定排放限制区。

另一方面，推进建设可再生及储能结合（考虑成本问题）的试点等。可选择天然气资源与可再生资源均较丰富的西北等地区进行试点。以落实冬奥会相关低排放或近零排放项目推动京津冀地区能源转型。

2. 鼓励探索商业模式和运管模式创新

目前的分布式能源的商务模式尚处于探索阶段，主要有以下几种：

（1）业主投资及管理模式，由所属业主投资兴建，并由业主组织专业人员负责日常设备管理、运行及维护。此种模式能为业主节约能源成本。

（2）能源服务公司模式，由业主投资建设，项目建成后聘请或采用能源服务的方式，由能源服务公司负责设备的管理、运行和维护。此种模式能为业主节约能源成本的同时，还能减少运营成本。

（3）合同能源管理模式，由节能服务公司与客户签订节能服务合同，通过分布式能源来提供客户的能源，节能服务公司从客户节能改造后获得的节能效益中收回投资和取得利润。此种模式建设成本低，收益明显。

从上述三种模式的对比中可以看到，商务模式的多样化可以通过不断优化投资和运营两个环节来实现，同时专业化的能源服务公司将占据越来越重要的作用。

建议从投建阶段的主要投资模式角度，节能服务公司可采取由"独立投资"到"联合投资"再到"融资"的路径。随着业务量的增加，逐渐调整发展战略，从专业的分布式能源投资和运维公司逐渐变为规模较大的综合性能源服务公司。在运维阶段，可选择由"独立运维"到"联合运维"的方式，推进分布式能源业务的扩展。另一方面，2015 年 4 月 21 日，国务院通过并发布了《基础设施和公用事业特许经营管理办法》，文件明确提出"能源、交通运输、水利、环境保护、市政工程等基础设施和公用事业领域的特许经营活动"。特许经营机制的建立，使得市场参与主体多元化，项目融资模式多样化，对保障分布式能源长期受益有重要意义。

3. 逐步完善行业法律、标准规范

随着项目的增多以及行业的快速发展，相应的法律、标准规范将日趋完善，相较之前几年的情况，标准规范将更加细化，将涉及分布式能源设计、系统配置、发电集成、项目实施和运营等方方面面。因此建议逐步完善，以工程实践为依托，避免"一刀切"。重点在以下方面：一是继续修改完善《电力法》，删改第二十五条"一个供电区内只设立一个供电营业机构"，解除对拥有分布式电源的用户或微网从事售电业务的阻碍。二是尽快出台分布式能源行业建设、验收和运行技术标准，并研究制定针对天然气分布式能源的电网接入、并网运行、热（冷）负荷预测等技术标准。

标准是对行业长期研发成果和实践经验的归纳，通过对分布式能源关键设备及系统在设计、制造、检验、运行和维护等各个环节的条件、参数、指标和要求进行规范，形成行业技术活动指南。同时，标准也是设备和技术合格与否的判定依据，通过对产品技术要求、性能质量指标、试验方法和考核规则等内容的规定，对产品能否获得市场准入进行规范。比如，分布式能源项目节能率计算标准、热（冷）负荷预测标准、项目设计指南、接入天然气网和配电网标准、天然气供应和电力上网的价格制定标准等。构建分布式能源行业的标准体系，尽快出台相关技术标准，是保证我国分布式能源产业健康、有序发展的关键所在。另外，分布式能源标准的制定需要考虑我国具体国情，要结合我国具体的资源环境、自然条件和电网条件。

（三）技术创新，降低设备成本

加快技术创新，让先进的能源技术为用户和市场创造价值，实现技术＋本土化＋成本优势。

1. 加强科技攻关，突破技术瓶颈

国家应加大科研投入，设立分布式能源技术研究的专项资金，组织各方技术力量，扶持和鼓励国内企业引进、消化、吸收国外先进技术，并在此基础上自主创新。

重点应放在关键技术的自主研发和产业化上，提高分布式能源系统运行效率，改进分布式能源项目设计技术，积累运行管理经验：一是加强低压配电网的信息化控制、流量平衡控制、智能保护系统、微网智能管理与控制系统等微型智能电网关键技术研究，尽快突破微电网自愈控制、智能互动用电及需求响应等技术，为分布式电源接入电网提供全面支撑；二是加强核心装备，如燃气轮机关键技术的研发，尽快突破燃气轮机热部件和联合循环运行控制技术等核心技术，实现国产化，降低设备投资，改善分布式能源项目的经济性，提高项目的生存能力。

2. 推进创新本土化，实现降本增效

技术装备本土化是我国发展分布式能源的核心。通过"生产本地化"优化组装和运输成本，提高产品交付灵活性；通过"销售本地化"倾听客户需求，高效决策，快速响应；通过"服务本地化"提供定制化服务和快速解决方案，确保设备有更高的可用性。

3. 推进清洁化能源技术的一揽子解决方案

推进天然气分布式能源项目的总体设计方案优化工作。未来天然气分布式能源在电网连接、电网安全、供电质量、能量储备、燃料供应等技术实力将进一步提升。通过推进本土化，释放成本优势，能够有效地提升项目经济性，有助于行业健康发展。

一方面，让设备更加绿色清洁。通过对分布式能源主要设备的深化研发，项目系统的设备性能效率进一步提升，排放更加清洁。比如正在开发一项新的混合动力燃料电池技术，将固体氧化物燃料电池（SOFC）与颜巴赫（Jenbacher）燃气发电机结合在一起。该组合系统的电效率预计将高达65%，CHP效能则大于90%。除了高效率外，该项技术最可喜的一点就是它净生成水，而非像绝大多数发电厂需耗费水来冷却。

另一方面，促进技术与服务优化结合，能够较好地提升客户体验。

（四）气电结合，构建能源互联

借助"互联网＋"，让天然气与可再生能源通过智能电网深度融合。

互联网思维指导下，借助信息技术与能源新技术可以改善整体能源体系，让天然气与可再生能源互相渗透、互相融合，开启我国能源发展的未来。当前天然气分布式能源系统已经能够通过动力技术与余热利用技术的有机整合，构成了较好的综合利用。未来将在仔细考虑用户不同冷热电及环保性能具体需求的前提下，采用最佳的优化控制方式，使得每种需求都能得到满足。预计将借助能源互联网＋，以天然气分布式能源为核心，结合可再生能源构建"小型化区域能源供应网络"，形成多功能互补的智能电网（微电网）与智能冷、热气供应网络。可以合理预见，世界电力工业将由传统的"大电厂、大机组、大电网、城市热网"组合的集中供能系统，向以依靠大型发电为主、天然气分布式能源为补充的"多模式互补系统"转变。

能源互联网建设是一种链式上的变革。面对我国能源生产与消费逆向分布的格局，未来我国能源互联网的定位应该是大电网和微电网结合。各个区域、各种形式可再生能源都能够通过能源互联网柔性对接，从而进一步推动广域内电力资源的协调互补和优化配置。在这一过程中，需要我们逐步落实能源在线监测系统，在条件具备的地方开展天然气与光伏、风能、地热能等多能互补利用的工程示范，尽快使天然气分布式能源充分与可再生能源相互渗透，确保其供能稳定，带动可再生能源的开发应用。

执笔人：洪　涛　武　旭

参考文献

［1］国务院发展研究中心资源与环境政策研究所．"十三五"大幅提高天然气比重的途径及对策措施研究（内部报告），2015

［2］华电集团．中国华电集团公司天然气分布式能源发展研究报告（内部报告），2015

［3］华电电力科学研究院．"十三五"及中长期分布式能源发展问题研究报告，2014

［4］华电分布式能源工程技术有限公司．天然气分布式能源的应用与发展（内部报告），2014

［5］北京节能环保促进会．发展分布式能源系统的体制性约束及对策研究．能源基金会中国可持续能源项目，2011

［6］长江证券．"中国能源革命不是梦"系列专题报告之二：天然气分布式能源渐行渐近．行业研究（深度报告），2013

［7］中国城市燃气协会分布式能源专业委员会，通用电气．开启天然气分布式能源的未来，2015

［8］中国城市燃气协会分布式能源专业委员会．国城市燃气十二五期间分布式能源发展的若干问题的研究，2014

［9］赵志渊．天然气分布式能源的应用与发展，中国新能源产业发展报告（2014），2014

［10］范必．关于加快天然气冷热电联供能源发展的建议．国务院研究室研究报告（总445号），2011

［11］洪涛．天然气分布式能源的互联网基因．能源，2016（3）

［12］刘满平．我国天然气分布式能源发展制约因素及对策研究．中外能源，2014（1）

［13］何润民等．促进我国天然气分布式能源发展的政策思考．天然气技术与经济，2013（6）

专题报告四

城市生态环境监测网络体系研究

生态环境监测的基础性和重要性日益凸显。当前需以提高监测数据质量、促进监测信息共享为目标，坚持山水林田湖为一个生命共同体、坚持同一个生态环境要素尽量由同一个部门监测、坚持生态环境监测与监管联动，逐步分离生态环境质量监测与生态环境专门监测，分类推进全国生态环境监测体制改革，加快构建统一、独立、高效的生态环境监测网络体系。一方面，全国统筹布局一张独立运行的国控生态环境质量监测网，支撑国家生态文明建设宏观决策，服务生态文明建设评价与考核；另一方面，依据生态文明建设职能的调整，协调发展多张并存的生态环境专门监测网，增强专门监测网对各部门履行生态文明建设职能的基础支撑。提高政府对生态环境监测市场的监管能力；积极发展生态环境监测的"互联网＋"，构建生态文明建设管理云平台。

一、生态环境监测和生态环境监测网络的基本概念

（一）生态环境监测

环境是指影响人类生存和发展的各种天然的和经过人工改造的自

然因素的总体，包括大气、水、海洋、土地、矿藏、森林、草原、湿地、野生生物、自然遗迹、人文遗迹、自然保护区、风景名胜区、城市和乡村等①。

环境监测是指以评价生态环境质量和监督污染物排放为主要目的，按照环境标准和技术规范，对环境空气、酸沉降、沙尘暴、地表水、地下水、海洋、土壤、生态、生物、噪声、振动、光、热、电离辐射、电磁辐射、污染源等环境要素中各相关因子的浓度、数量、分布等以及污染物排放状况进行分析、评价和监督的活动。

环境监测也分为环境质量监测、污染源监督性监测、突发环境污染事件应急监测、为环境状况调查和评价等环境管理活动提供监测数据的其他环境监测活动以及研究试验监测等②。按照环境监测的要素，环境监测又可分为水环境监测、大气环境监测、土壤环境监测、生态监测、噪声监测、辐射监测等。

【专栏1】　　　　《辞海》中对环境监测的定义

为了专门的目的，对环境各要素的指标，按照预先设计的时间和空间，运用化学、物理或生物学的方法进行系统的观察测定并进行分析的过程。

按监测目的和性质可分为：①监视性监测。主要是对污染源排放和环境质量现状及变化趋势的监测。②特定目的监测。如污染事故监测、仲裁监测等。③研究性监测。

按监测内容可分为：①化学指标的测定。主要指在气、水、土

---

① 2015 年实施的《中华人民共和国环境保护法》。
② 《环境监测管理办法》（国家环境保护总局令第 39 号，2007 年）。

壤、固体废弃物、生物体内的各种化学物质对环境质量影响的测定。②物理指标的测定。主要指噪声、振动、电磁波、热能、放射性等物理量对环境质量影响的测定。③生物指标的测定。主要指用指示生物、群落结构变化、生物测试、生理生化特征等方法监测环境质量变化。④生态系统的监测。如对水土流失、土地沙漠化、温室效应、臭氧层空洞等的监测。

先进的环境监测预警体系是指为服务于环境保护工作大局，组织实施环境监测活动，建立的一套先进、完整和符合国情的环境监测法规制度、业务管理、基础能力、技术标准和人才保障综合体系。核心任务是说清环境质量状况及变化趋势、说清污染源排放状况、说清潜在的环境风险①。

生态环境监测是指对水流、大气、土壤、森林、草原、海洋等生态环境要素中相关因子的浓度、数量、分布以及污染排放状况进行分析测试，用以说清生态环境的特征与现状、污染来源、生态环境质量的趋势和潜在的环境风险。生态环境监测可分为生态环境质量监测和生态环境专门监测。生态环境专门监测是指各部门在资源开发利用、环境保护、生态修复等过程中，开展的各类服务于各种管理需求、更具有专业性的监测活动。比如，环境保护部门的环境应急监测、环评监测、环境执法监测；国土资源部门的土地利用监测、地质灾害监测、矿山地质环境监测；水利部门开展的水文监测、水利工程建设中的环境影响监测等。这类监测与各部门的职能密切相关。

《中共中央国务院关于加快推进生态文明建设的意见》中提出要

---

① 关于印发《先进的环境监测预警体系建设纲要（2010—2020年）》的通知（环发〔2009〕156号）。

"健全覆盖所有资源环境要素的监测网络体系"，《生态环境监测网络建设方案》中提出要统一大气、地表水、地下水、土壤、海洋、生态、污染源、噪声、振动、辐射等监测布点、监测和评价技术标准规范①。

（二）生态环境监测网络

生态环境监测网络有狭义和广义之分。狭义的生态环境监测网络是指由各种监测点位组成的开展生态环境监测的基础设施，指的是物理网络。广义的生态环境监测网络既同时包括物理网络，又包括支撑物理网络运行的各种制度体系、机构安排以及职能配置等，本课题研究广义的生态环境监测网络。

生态环境监测网络的功能主要包括：实现生态环境监测网络中技术体系和制度体系的互动发展，为政府生态文明建设和环境保护提供决策支撑，为企业调整排污行为和改善环境绩效提供指引，实现公众参与生态文明建设的信息知情权利。

生态环境监测网络大体分为生态环境质量监测网络和污染源监测网络。生态环境质量监测网络用来监测大自然的"状态"，体现一定时期人与自然的关系；反映人类对大自然变化的认识，无论这种变化是大自然本身演变的结果，还是由于人类活动造成的结果。

污染源监测网络用来监视人类活动对大自然的"压力"，实质上体现的是一定时期人与人之间的关系。监测污染物排放的总量和浓度，一方面体现了人类生活生产活动对大自然的"压力"，另一方面也反映了有限的资源环境容量如何在人与人直接进行配置，因此污染

---

① 2015年实施的《中华人民共和国环境保护法》。

源监测实质上反映的是，一定时期在开发、利用、配置、保护有限的环境容量过程中人与人直接的关系。污染源监测网络包括固定源监测网络、流动源监测网络和面源监测网络。

二、我国生态环境监测网络体系发展面临的新形势

（一）中央文件对生态环境监测作出了总体部署

十八大提出"要把资源消耗、环境损害、生态效益纳入经济社会发展评价体系"，而资源消耗、环境损害、生态效益的度量又要依赖于生态环境监测，这凸显了生态环境监测支撑"五位一体"总体布局的基础作用；十八届三中全会提出"建立资源环境承载能力监测预警机制"，明确了生态环境监测在构建人与自然和谐发展新格局中的哨兵作用。

《中共中央国务院关于加快推进生态文明建设的意见》，明确提出"健全覆盖所有资源环境要素的监测网络体系"；作为配套改革文件的《生态环境监测网络建设方案》（国办发〔2015〕56 号），明确提出通过"全面设点、全国联网、自动预警、依法追责"，形成生态环境监测新格局。同时明确提出，环境保护部适度上收生态环境质量监测事权，准确掌握、客观评价全国生态环境质量总体状况。重点污染源监督性监测和监管重心下移，加强对地方重点污染源监督性监测的管理。其他几个涉及生态文明重大制度建设的文件也需以生态环境监测为支撑，一些文件还对生态环境监测提出了明确要求。《中国共产党第十八届中央委员会第五次全体会议公报》中明确指出要实行省以下环保机构监测监察执法垂直管理制度。这些文件集中体现了国家对生态环境监测的总体决策部署（表 4 - 1）。

表 4 – 1　　　　　　　　中央文件对生态环境监测的有关指示精神

文件名称	颁发机构和文号	关于生态环境监测预警的明确规定
《坚定不移沿着中国特色社会主义道路前进为全面建成小康社会而奋斗》	在中国共产党第十八次全国代表大会上的报告（2012年11月8日）	（四）加强生态文明制度建设。保护生态环境必须依靠制度。要把资源消耗、环境损害、生态效益纳入经济社会发展评价体系，建立体现生态文明要求的目标体系、考核办法、奖惩机制
《中共中央关于全面深化改革若干重大问题的决定》	2013年11月12日中共十八届三中全会全体会议通过	十四、加快生态文明制度建设（52）划定生态保护红线。建立资源环境承载能力监测预警机制，对水土资源、环境容量和海洋资源超载区域实行限制性措施。对限制开发区域和生态脆弱的国家扶贫开发工作重点县取消地区生产总值考核
《中共中央关于制定国民经济和社会发展第十三个五年规划的建议》	2015年10月29日中国共产党第十八届中央委员会第五次全体会议通过	五、坚持绿色发展，着力改善生态环境 （五）加大环境治理力度。实行省以下环保机构监测监察执法垂直管理制度。建立全国统一的实时在线环境监控系统。健全环境信息公布制度
《中共中央国务院关于加快推进生态文明建设的意见》	2015年4月25日、中发〔2015〕12号	五、加大自然生态系统和环境保护力度，切实改善生态环境质量 （十四）保护和修复自然生态系统 强化农田生态保护，实施耕地质量保护与提升行动，加大退化、污染、损毁农田改良和修复力度，加强耕地质量调查监测与评价。实施生物多样性保护重大工程，建立监测评估与预警体系。加快灾害调查评价、监测预警、防治和应急等防灾减灾体系建设 六、健全生态文明制度体系 （二十一）严守资源环境生态红线 探索建立资源环境承载能力监测预警机制，对资源消耗和环境容量接近或超过承载能力的地区，及时采取区域限批等限制性措施

续表

文件名称	颁发机构和文号	关于生态环境监测预警的明确规定
		七、加强生态文明建设统计监测和执法监督 （二十七）加强统计监测 建立生态文明综合评价指标体系。加快推进对能源、矿产资源、水、大气、森林、草原、湿地、海洋和水土流失、沙化土地、土壤环境、地质环境、温室气体等的统计监测核算能力建设，提升信息化水平，提高准确性、及时性，实现信息共享。利用卫星遥感等技术手段，对自然资源和生态环境保护状况开展全天候监测，健全覆盖所有资源环境要素的监测网络体系。定期开展全国生态状况调查和评估
《生态文明体制改革总体方案》	2015 年 9 月 21 日中共中央　国务院印发	三、建立国土空间开发保护制度 （十一）健全国土空间用途管制制度。完善覆盖全部国土空间的监测系统，动态监测国土空间变化 五、完善资源总量管理和全面节约制度 （十七）完善最严格的耕地保护制度和土地节约集约利用制度。加强耕地质量等级评定与监测，强化耕地质量保护与提升建设 七、建立健全环境治理体系 （三十六）建立污染防治区域联动机制。在部分地区开展环境保护管理体制创新试点，统一规划、统一标准、统一环评、统一监测、统一执法 九、完善生态文明绩效评价考核和责任追究制度 （四十八）建立资源环境承载能力监测预警机制。研究制定资源环境承载能力监测预警指标体系和技术方法，建立资源环境监测预警数据库和信息技术平台，定期编制资源环境承载能力监测预警报告

文件名称	颁发机构和文号	关于生态环境监测预警的明确规定
《生态环境监测网络建设方案》	国办发〔2015〕56号	要求坚持全面设点、全国联网、自动预警、依法追责，形成政府主导、部门协同、社会参与、公众监督的生态环境监测新格局，为加快推进生态文明建设提供有力保障
《生态环境损害赔偿制度改革试点方案》	2015年12月3日中共中央办公厅印发	（三）加快技术体系建设。国家建立统一的生态环境损害鉴定评估技术标准体系
《党政领导干部生态环境损害责任追究办法（试行)》	2015年8月17日中共中央办公厅、国务院办公厅印发	第八条　党政领导干部利用职务影响，有下列情形之一的，应当追究其责任：（四）指使篡改、伪造生态环境和资源方面调查和监测数据的

【专栏2】　　　国家《生态环境监测网络建设方案》
（国办发〔56〕号）中的"十六字"方针

全面设点：就是要统一规划布局生态环境监测网，实现所有环境要素全覆盖；

全国联网：就是纵向实现各层级生态环境监测数据互联互通，横向实现各部门生态环境监测信息集成共享，在此基础上构建生态环境监测大数据平台，客观反映生态环境质量状况；

自动预警：就是要开展生态环境监测、评估与预警，加强环境质量重污染监测预报预警，开展生态环境健康风险评估；

依法追责：就是构建测控结合的快速响应体系，依托重点排污单位污染源监测开展监管执法，运用污染源监测结果追查排污者责任。

（二）法律法规对生态环境监测提出了明确要求

我国资源环境领域新修订的法律法规对生态环监测提出了新要求，除了新修订的法律法规，其他一些法律法规也对规范生态环境监测提出明确要求。

新修订的《中华人民共和国环境保护法》（2015 年 1 月 1 日施行）对各级人民政府在组织开展环境质量监测、污染源监督性监测、应急监测、监测评估与考核、监测预报预警、监测信息发布等方面均提出了明确要求，加强国务院环境保护主管部门的环境监测预警职能（参见专栏3）。

【专栏3】 新《环保法》对生态环境监测提出新要求

一是对全国环境监测工作实施统一监督管理。第十条明确规定"国务院环境保护主管部门，对全国环境保护工作实施统一监督管理"，"政府有关部门和军队环境保护部门，依照有关法律的规定对资源保护和污染防治等环境保护工作实施监督管理"；由此，国务院环境保护主管部门对全国环境监测工作实施统一监督管理，政府有关部门和军队环境保护部门依照有关法律的规定对本领域内环境监测工作实施监督管理。

二是组织编制国家环境监测规划，制定国家环境质量和污染源监测技术标准，建立健全环境监测制度。根据第十三条第 2 款、第十五条第 1 款、第十六条第 1 款、第三十九条、第五十九条相关要求，参照第十条规定，国务院环境保护主管部门应当会同有关部门组织编制国家环境监测规划，制定国家环境质量和污染源监测技术标准，建立健全环境与健康监测调查和风险评估制度、污染损害鉴定与评估制度等。此外，第十七条第 1 款也明确规定"国务院环境保

护主管部门制定监测规范，会同有关部门组织监测网络，统一规划国家环境质量监测站（点）的设置，建立监测数据共享机制，加强对环境监测的管理。"

三是组织建立国家环境监测预警机制。根据第十八条、第二十条第1款、第四十七条第1~2款相关要求，参照第十条规定，国务院环境保护主管部门应会同有关部门或委托专业机构，建立国家环境资源承载能力监测预警机制、国家重点区域流域环境污染和生态破坏监测预警机制、国家环境应急与环境污染公共监测预警机制等。

四是建立国家生态环境质量监测、评价和考核制度。为贯彻落实第二十六条、第三十二条、第八条和第三十一条第1~2款的相关规定，亟须国务院环境保护主管部门会同有关部门建立国家生态环境质量监测、评价和考核制度，作为国家考核地方政府环境保护工作成效的重要支撑，作为配合国家发展与改革、财政部门对国家财政投资生态环保项目进行绩效评价的重要依据。

五是建立健全国家环境监测预警质量监督管理体系。新《环保法》初步明确了政府和军队各有关监督管理部门、地方各级人民政府、企业事业单位、社会专业机构在环境监测工作中应承担的法律责任，并提出一些具体奖惩办法。这就需要国务院环境保护主管部门尽快建立健全国家环境监测质量管理体系，保障环境监测数据全面、真实、有效，为依法行政、依法赔偿、依法追责等提供有力支撑。

六是统一发布国家环境质量、重点污染源监测信息，定期发布中国环境状况公报。第五十四条第1款明确规定"国务院环境保护主管部门统一发布国家环境质量、重点污染源监测信息及其他重大环境信息。省级以上人民政府环境保护主管部门定期发布环境状况公报。"

　　在大气环境监测方面，新修订的《中华人民共和国大气污染防治法》规定国务院环境保护主管部门负责制定大气环境质量和大气污染源的监测和评价规范，组织建设与管理全国大气环境质量和大气污染源监测网，组织开展大气环境质量和大气污染源监测，统一发布全国大气环境质量状况信息。《中华人民共和国气象法》规定国务院气象主管机构负责组织进行气候监测、分析、评价，并对可能引起气候恶化的大气成分进行监测。

　　在水环境监测方面，《中华人民共和国水法》规定加强对水资源的动态监测，对水功能区的水质状况进行监测。《中华人民共和国水污染防治法》规定国家建立水环境质量监测和水污染物排放监测制度，国务院环境保护主管部门负责制定水环境监测规范，统一发布国家水环境状况信息，会同国务院水行政等部门组织监测网络。《中华人民共和国水土保持法》规定加强水土保持监测工作，国务院水行政主管部门应当完善全国水土保持监测网络，水土保持监测情况包括水土流失类型、面积、强度、分布状况和变化趋势；水土流失造成的危害；水土流失预防和治理情况。《中华人民共和国海洋环境保护法》规定国家海洋行政主管部门负责海洋环境的监督管理，组织海洋环境的调查、监测、监视、评价和科学研究。《中华人民共和国水文条例》规定国务院水行政主管部门主管全国的水文工作。《城镇排水与污水处理条例》规定城镇排水主管部门委托的排水监测机构，应当对排水户排放污水的水质和水量进行监测，并建立排水监测档案。

　　在土壤、土地沙化环境监测方面，《中华人民共和国农业法》中提出各级人民政府应当提高对气象灾害的监测和预报水平，建立农业资源监测制度，并对耕地质量进行定期监测。《中华人民共和国防沙治沙法》提出国务院林业行政主管部门组织其他有关行政主管部门对全国土地沙化情况进行监测、统计和分析，并定期公布监测结果。各级气象主管机构应当组织对气象干旱和沙尘暴天气进行监测、预报。《中华人民共和国土地管理法》提出国家建立土地调查制度、国家建立土地统计制度。国家建立全国土地管理信息系统，对土地利用状况进行动态监测。

在草原、森林等监测方面，《中华人民共和国草原法》提出国家建立草原生产、生态监测预警系统。县级以上人民政府草原行政主管部门对草原的面积、等级、植被构成、生产能力、自然灾害、生物灾害等草原基本状况实行动态监测，及时为本级政府和有关部门提供动态监测和预警信息服务。《中华人民共和国森林法》提出各级林业主管部门负责组织森林资源清查，建立资源档案制度，掌握资源变化情况。

在固体废弃物监测方面，《中华人民共和国固体废物污染环境防治法》国务院环境保护行政主管部门建立固体废物污染环境监测制度，制定统一的监测规范，并会同有关部门组织监测网络。大、中城市人民政府环境保护行政主管部门应当定期发布固体废物的种类、产生量、处置状况等信息。

在噪声以及放射性污染监测方面，《中华人民共和国环境噪声污染防治法》规定，国务院环境保护行政主管部门应当建立环境噪声监测制度，制定监测规范，并会同有关部门组织监测网络。《中华人民共和国放射性污染防治法》规定国家建立放射性污染监测制度。国务院环境保护行政主管部门会同国务院其他有关部门组织环境监测网络，对放射性污染实施监测管理。

表 4 - 2　　　　　　我国主要法律法规对生态环境监测的有关规定

名称	施行日期	关于生态环境监测管理的主要规定
中华人民共和国环境保护法	1989 年 12 月 26 日通过，2014 年 4 月 24 口修订，自 2015 年 1 月 1 日起施行	第二章　监督管理 第十七条　国家建立、健全环境监测制度。国务院环境保护主管部门制定监测规范，会同有关部门组织监测网络，统一规划国家环境质量监测站（点）的设置，建立监测数据共享机制，加强对环境监测的管理。 有关行业、专业等各类环境质量监测站（点）的设置应当符合法律法规规定和监测规范的要求。 监测机构应当使用符合国家标准的监测设备，遵守监测规范。监测机构及其负责人对监测数据的真实性和准确性负责。 第十八条　省级以上人民政府应当组织有关部门或者委托专业机构，对环境状况进行调查、评价，建立环境资源承载能力监测预警机制。 第二十条　国家建立跨行政区域的重点区域、流域环境污染和生态破坏联合防治协调机制，实行统一规划、统一标准、统一监测、统一的防治措施。 第三章　保护和改善环境 第三十二条　国家加强对大气、水、土壤等的保护，建立和完善相应的调查、监测、评估和修复制度。 第三十三条　各级人民政府应当加强对农业污染源的监测预警，统筹有关部门采取措施，防治土壤污染和土地沙化、盐渍化、贫瘠化、石漠化、地面沉降以及防治植被破坏、水土流失、水体富营养化、水源枯竭、种源灭绝等生态失调现象，推广植物病虫害的综合防治。 第三十九条　国家建立、健全环境与健康监测、调查和风险评估制度。 第四章　防治污染和其他公害 第四十二条　重点排污单位应当按照国家有关规定和监测规范安装使用监测设备，保证监测设备正常运行，保存原始监测记录。 第四十七条　县级以上人民政府应当建立环境污染公共监测预警机制，组织制定预警方案；环境受到污染，可能影响公众健康和环境安全时，依法及时公布预警信息，启动应急措施。 第五章　信息公开和公众参与 第五十四条　国务院环境保护主管部门统一发布国家环境质量、重点污染源监测信息及其他重大环境信息。省级以上人民政府环境保护主管部门定期发布环境状况公报。

续表

名称	施行日期	关于生态环境监测管理的主要规定
		县级以上人民政府环境保护主管部门和其他负有环境保护监督管理职责的部门，应当依法公开环境质量、环境监测、突发环境事件以及环境行政许可、行政处罚、排污费的征收和使用情况等信息。 　　县级以上地方人民政府环境保护主管部门和其他负有环境保护监督管理职责的部门，应当将企业事业单位和其他生产经营者的环境违法信息记入社会诚信档案，及时向社会公布违法者名单。
中华人民共和国水法	2002 年 8 月 29 日修订通过，自 2002 年 10 月 1 日起施行	第二章　水资源规划 　　第十六条　县级以上人民政府应当加强水文、水资源信息系统建设。县级以上人民政府水行政主管部门和流域管理机构应当加强对水资源的动态监测。基本水文资料应当按照国家有关规定予以公开。 　　第四章　水资源、水域和水工程的保护 　　第三十二条　县级以上地方人民政府水行政主管部门和流域管理机构应当对水功能区的水质状况进行监测，发现重点污染物排放总量超过控制指标的，或者水功能区的水质未达到水域使用功能对水质的要求的，应当及时报告有关人民政府采取治理措施，并向环境保护行政主管部门通报
中华人民共和国水污染防治法	1984 年 5 月 11 日通过，1996 年 5 月 15 日修正，2008 年 2 月 28 日修订，自 2008 年 6 月 1 日起施行	第三章　水污染防治的监督管理 　　第二十三条　重点排污单位应当安装水污染物排放自动监测设备，与环境保护主管部门的监控设备联网，并保证监测设备正常运行。排放工业废水的企业，应当对其所排放的工业废水进行监测，并保存原始监测记录。具体办法由国务院环境保护主管部门规定。 　　应当安装水污染物排放自动监测设备的重点排污单位名录，由设区的市级以上地方人民政府环境保护主管部门根据本行政区域的环境容量、重点水污染物排放总量控制指标的要求以及排污单位排放水污染物的种类、数量和浓度等因素，商同级有关部门确定。 　　第二十五条　国家建立水环境质量监测和水污染物排放监测制度。国务院环境保护主管部门负责制定水环境监测规范，统一发布国家水环境状况信息，会同国务院水行政等部门组织监测网络。

续表

名称	施行日期	关于生态环境监测管理的主要规定
		第二十六条 国家确定的重要江河、湖泊流域的水资源保护工作机构负责监测其所在流域的省界水体的水环境质量状况，并将监测结果及时报国务院环境保护主管部门和国务院水行政主管部门；有经国务院批准成立的流域水资源保护领导机构的，应当将监测结果及时报告流域水资源保护领导机构
中华人民共和国水土保持法	1991 年 6 月 29 日通过，2010 年 12 月 25 日修订，自 2011 年 3 月 1 日起施行	第五章 监测和监督 第四十条 县级以上人民政府水行政主管部门应当加强水土保持监测工作，发挥水土保持监测工作在政府决策、经济社会发展和社会公众服务中的作用。县级以上人民政府应当保障水土保持监测工作经费。 国务院水行政主管部门应当完善全国水土保持监测网络，对全国水土流失进行动态监测。 第四十一条 对可能造成严重水土流失的大中型生产建设项目，生产建设单位应当自行或者委托具备水土保持监测资质的机构，对生产建设活动造成的水土流失进行监测，并将监测情况定期上报当地水行政主管部门。 从事水土保持监测活动应当遵守国家有关技术标准、规范和规程，保证监测质量。 第四十二条 国务院水行政主管部门和省、自治区、直辖市人民政府水行政主管部门应当根据水土保持监测情况，定期对下列事项进行公告：（一）水土流失类型、面积、强度、分布状况和变化趋势；（二）水土流失造成的危害；（三）水土流失预防和治理情况
城镇排水与污水处理条例	2013 年 9 月 18 日通过，自 2014 年 1 月 1 日起施行	第三章 排水 第二十四条 城镇排水主管部门委托的排水监测机构，应当对排水户排放污水的水质和水量进行监测，并建立排水监测档案。排水户应当接受监测，如实提供有关资料。 列入重点排污单位名录的排水户安装的水污染物排放自动监测设备，应当与环境保护主管部门的监控设备联网。环境保护主管部门应当将监测数据与城镇排水主管部门共享。 第四章 污水处理 第三十二条 排水监测机构接受城镇排水主管部门委托从事有关监测活动，不得向城镇污水处理设施维护运营单位和排水户收取任何费用。 第三十四条 城镇污水处理设施维护运营单位应当为进出水在线监测系统的安全运行提供保障条件。

名称	施行日期	关于生态环境监测管理的主要规定
中华人民共和国大气污染防治法	1987年9月5日通过，1995年8月29日修正，2000年4月29日第一次修订，2015年8月29日第二次修订，自2016年1月1日起施行	第三章　大气污染防治的监督管理 第二十三条　国务院环境保护主管部门负责制定大气环境质量和大气污染源的监测和评价规范，组织建设与管理全国大气环境质量和大气污染源监测网，组织开展大气环境质量和大气污染源监测，统一发布全国大气环境质量状况信息。 县级以上地方人民政府环境保护主管部门负责组织建设与管理本行政区域大气环境质量和大气污染源监测网，开展大气环境质量和大气污染源监测，统一发布本行政区域大气环境质量状况信息。 第二十四条　企业事业单位和其他生产经营者应当按照国家有关规定和监测规范，对其排放的工业废气和本法第七十八条规定名录中所列有毒有害大气污染物进行监测，并保存原始监测记录。其中，重点排污单位应当安装、使用大气污染物排放自动监测设备，与环境保护主管部门的监控设备联网，保证监测设备正常运行并依法公开排放信息。 第二十五条　重点排污单位应当对自动监测数据的真实性和准确性负责。环境保护主管部门发现重点排污单位的大气污染物排放自动监测设备传输数据异常，应当及时进行调查。 第二十六条　禁止侵占、损毁或者擅自移动、改变大气环境质量监测设施和大气污染物排放自动监测设备。 第二十九条　环境保护主管部门及其委托的环境监察机构和其他负有大气环境保护监督管理职责的部门，有权通过现场检查监测、自动监测、遥感监测、远红外摄像等方式，对排放大气污染物的企业事业单位和其他生产经营者进行监督检查。被检查者应当如实反映情况，提供必要的资料。实施检查的部门、机构及其工作人员应当为被检查者保守商业秘密。 第四章　大气污染防治措施 第三节　机动车船等污染防治 第五十三条　县级以上地方人民政府环境保护主管部门可以在机动车集中停放地、维修地对在用机动车的大气污染物排放状况进行监督抽测；在不影响正常通行的情况下，可以通过遥感监测等技术手段对在道路上行驶的机动车的大气污染物排放状况进行监督抽测，公安机关交通管理部门予以配合。 第五章　重点区域大气污染联合防治

续表

名称	施行日期	关于生态环境监测管理的主要规定
		第九十一条　国务院环境保护主管部门应当组织建立国家大气污染防治重点区域的大气环境质量监测、大气污染源监测等相关信息共享机制，利用监测、模拟以及卫星、航测、遥感等新技术分析重点区域内大气污染来源及其变化趋势，并向社会公开。 第六章　重污染天气应对 第九十三条　国家建立重污染天气监测预警体系。 国务院环境保护主管部门会同国务院气象主管机构等有关部门、国家大气污染防治重点区域内有关省、自治区、直辖市人民政府，建立重点区域重污染天气监测预警机制，统一预警分级标准。可能发生区域重污染天气的，应当及时向重点区域内有关省、自治区、直辖市人民政府通报。 省、自治区、直辖市、设区的市人民政府环境保护主管部门会同气象主管机构等有关部门建立本行政区域重污染天气监测预警机制。 第九十五条　省、自治区、直辖市、设区的市人民政府环境保护主管部门应当会同气象主管机构建立会商机制，进行大气环境质量预报。任何单位和个人不得擅自向社会发布重污染天气预报预警信息。
中华人民共和国气象法	1999 年 10 月 31 日通过，2009 年 8 月 27 日第一次修正，2014 年 8 月 31 日第二次修正，2000 年 1 月 1 日起施行	第五章气象灾害防御 第二十八条　各级气象主管机构应当组织对重大灾害性天气的跨地区、跨部门的联合监测、预报工作，及时提出气象灾害防御措施，并对重大气象灾害作出评估，为本级人民政府组织防御气象灾害提供决策依据。 各级气象主管机构所属的气象台站应当加强对可能影响当地的灾害性天气的监测和预报，并及时报告有关气象主管机构。其他有关部门所属的气象台站和与灾害性天气监测、预报有关的单位应当及时向气象主管机构提供监测、预报气象灾害所需要的气象探测信息和有关的水情、风暴潮等监测信息。 第六章　气候资源开发利用和保护 第三十二条　国务院气象主管机构负责全国气候资源的综合调查、区划工作，组织进行气候监测、分析、评价，并对可能引起气候恶化的大气成分进行监测，定期发布全国气候状况公报。

名称	施行日期	关于生态环境监测管理的主要规定
中华人民共和国农业法	1993 年 7 月 2 日通过，2002 年 12 月 28 日修订，自 2003 年 3 月 1 日起施行	第三章　农业生产 第二十一条　各级人民政府应当支持为农业服务的气象事业的发展，提高对气象灾害的监测和预报水平。 第八章　农业资源与农业环境保护 第五十七条　县级以上人民政府应当制定农业资源区划或者农业资源合理利用和保护的区划，建立农业资源监测制度。 第五十八条　县级以上人民政府农业行政主管部门应当采取措施，支持农民和农业生产经营组织加强耕地质量建设，并对耕地质量进行定期监测。
中华人民共和国土地管理法	1986 年 6 月 25 日通过，1998 年 8 月 29 日第一次修正，自 1999 年 1 月 1 日起施行，2004 年 8 月 28 日第二次修正	第三章　土地利用总体规划 第二十七条　国家建立土地调查制度。县级以上人民政府土地行政主管部门会同同级有关部门进行土地调查。土地所有者或者使用者应当配合调查，并提供有关资料。 第二十九条　国家建立土地统计制度。县级以上人民政府土地行政主管部门和同级统计部门共同制定统计调查方案，依法进行土地统计，定期发布土地统计资料。土地行政主管部门和统计部门共同发布的土地面积统计资料是各级人民政府编制土地利用总体规划的依据。 第三十条　国家建立全国土地管理信息系统，对土地利用状况进行动态监测。
中华人民共和国防沙治沙法	2001 年 8 月 31 日通过，2002 年 1 月 1 日起施行	第三章　土地沙化的预防 第十四条　国务院林业行政主管部门组织其他有关行政主管部门对全国土地沙化情况进行监测、统计和分析，并定期公布监测结果。 县级以上地方人民政府林业或者其他有关行政主管部门，应当按照土地沙化监测技术规程，对沙化土地进行监测，并将监测结果向本级人民政府及上一级林业或者其他有关行政主管部门报告。 第十五条　县级以上地方人民政府林业或者其他有关行政主管部门，在土地沙化监测过程中，发现土地发生沙化或者沙化程度加重的，应当及时报告本级人民政府。收到报告的人民政府应当责成有关行政主管部门制止导致土地沙化的行为，并采取有效措施进行治理。

续表

名称	施行日期	关于生态环境监测管理的主要规定
		各级气象主管机构应当组织对气象干旱和沙尘暴天气进行监测、预报，发现气象干旱或者沙尘暴天气征兆时，应当及时报告当地人民政府。
中华人民共和国森林法	1994 年 9 月 20 日通过，1998 年 4 月 29 日修正，1985 年 1 月 1 日起施行	第二章　森林经营管理 第十四条　各级林业主管部门负责组织森林资源清查，建立资源档案制度，掌握资源变化情况。
中华人民共和国环境噪声污染防治法	1996 年 10 月 29 日通过，1997 年 3 月 1 日起施行	第二章　环境噪声污染防治的监督管理 第二十条　国务院环境保护行政主管部门应当建立环境噪声监测制度，制定监测规范，并会同有关部门组织监测网络。 环境噪声监测机构应当按照国务院环境保护行政主管部门的规定报送环境噪声监测结果。

（三）部门规章和规范性文件对生态环境监测提出新要求

随着生态环境监测在生态文明建设中地位的凸显，国务院各部门对生态环境监测的规范化管理不断加强，一系列政策文件陆续出台（表4-3）。财政部和环保部《关于支持环境监测体制改革的实施意见》（财建〔2015〕985 号）明确提出，到2018 年，全面完成国家监测站点及国控断面的上收工作，国家直管的大气、水、土壤环境质量监测网建立健全；省内环境质量监测体系有效建立，同国控监测数据相互印证、互联互通；环境监测市场化改革迈向深入，第三方托管运营机制普遍实行，环境监测效率大幅度提升，陆海统筹、天地一体、信息共享的生态环境监测体系不断完善，环境监测能力同生态文明建设要求更相适应。

表 4 - 3　　　各部门有关生态环境监测的部门规章和规范性文件

名　称	部　门	时　间	颁布时间和文号
1.《关于支持环境监测体制改革的实施意见》	财政部、环境保护部	2015 年 11 月 2 日	财建〔2015〕985 号
2.《环境监测数据弄虚作假行为判定及处理办法》	环境保护部	2015 年 12 月 29 日	环发〔2015〕175 号
3.《全国公路水路交通运输环境监测网总体规划》《公路水路交通运输环境监测网总体规划编制办法（试行）》	交通运输部	2015 年 5 月 28 日	交规划发〔2015〕81 号
4.《关于推进环境监测服务社会化的指导意见》	环境保护部	2015 年 2 月 5 日印发	环发〔2015〕20 号
5.《国家重点监控企业自行监测及信息公开办法（试行）》和《国家重点监控企业污染源监督性监测及信息公开办法（试行）》	环境保护部	2013 年 7 月 30 日	环发〔2013〕81 号
6.《关于加强企业环境信用体系建设的指导意见》	环境保护部、发展改革委	2015 年 11 月 27 日	环发〔2015〕161 号
7.《全国农村环境监测工作指导意见》		2009 年 12 月 24 日	环办〔2009〕150 号
8.《关于在污染源日常环境监管领域推广随机抽查制度的实施方案》	环境保护部	2015 年 10 月 9 日	环办〔2015〕88 号
9.《地质环境监测管理办法》	国土资源部	自 2014 年 7 月 1 日起施行	
10.《气象信息服务管理办法》	中国气象局	自 2015 年 6 月 1 日起施行	中国气象局令第 27 号
11.《气象预报发布与传播管理办法》	中国气象局	自 2015 年 5 月 1 日起施行	中国气象局令第 26 号

《关于推进环境监测服务社会化的指导意见》提出，鼓励社会环境监测机构参与排污单位污染源自行监测、环境损害评估监测、环境

影响评价现状监测、清洁生产审核、企事业单位自主调查等环境监测活动，推进环境监测服务主体多元化和服务方式多样化。同时还规定，有序放开公益性、监督性监测领域。各级环境保护行政主管部门所属环境监测机构应认真做好所承担的政府监测职能，包括环境质量监测、预报预警、跨境水体监测、履约监测、污染源监督性监测、突发环境事件应急监测以及环境执法、环境质量目标责任考核、排污费征收、总量核算等环境监管中的监测工作。同时，可将社会环境监测机构能够承担又不影响公平公正原则的相关业务，积极稳妥、因地制宜地向社会环境监测机构有序放开，包括环境质量自动监测站和污染源自动监测设施的运行维护、固体废物和危险废物鉴别等监（检）测业务。

《地质环境监测管理办法》中规定地质环境监测活动包括地质灾害监测、地下水地质环境监测、矿山地质环境监测、地质遗迹监测和其他相关地质环境监测，县级以上地方人民政府国土资源主管部门负责本行政区域内的地质环境监测管理工作。

（四）重要规划和污染防治计划对生态环境监测提出了要求

党中央国务院关于"大气、水、土壤"污染防治工作中都对生态环境监测提出了明确要求。《大气污染防治行动计划》（国发〔2013〕37号）对完善国家环境空气质量监测网络、建立重污染天气监测预警体系、建立京津冀、长三角区域联防联控工作协调机制下的监测信息共享以及实行环境信息公开等均提出了明确要求。提出要建立京津冀区域大气污染防治协作机制，由区域内省级人民政府和国务院有关部门参加，协调解决区域突出环境问题，组织实施环评会商、联合执法、信息共享、预警应急等大气污染防治措施。京津冀区域要建设区域、省、市级重污染天气监测预警系统，建立健全区域、省、市联动的重污染天气应急响应体系。《水污染防治行动计划》（国发〔2015〕17号）明确要求提升饮用水源地水质全指标监测、水生生物监测、地下水环境监测、化学物质监测及环境风险防控技术支撑能力。2017年年底前，京津冀等区域建成统一的水环境监测网。地方各级人民政府应定期监测本行政区域内饮用水水源安全状况，各省（区、市）人民政府要定期公布本行政区域内各地级市（州、盟）水环境质量状况。

《京津冀协调发展规划纲要》提出要建立健全三省市交通运输能耗统计与环境监测体系，构建京津冀区域生态环境监测网络，建立跨界的大气、地表水、地下水和海域等环境监测预警体系和协调联动机制，统一三省市生态环境规划、标准、监测、执法体系。

除此之外，在国家最新出台的一些规划中，也对生态环境监测提出了明确的要求。《全国农业可持续发展规划（2015—2030年）》提出建立健全全国农业环境监测体系，包括野生动植物资源、农业外来入侵生物、地表水、地下水、耕地质量和土壤墒情、重金属污染、农业面源污染、土壤环境、水生生物资源等农业资源环境。《全国水土保持规划（2015—2030年）》提出要建成完善水土保持监测技术标准体系，加大监测技术人员的培训。按照区域代表性、密度适中的原则，完善水土保持监测网络，依托国家及水利行业信息网络资源，统筹现有水土保持基础信息资源，建成互联互通、资源共享的全国水土保持信息平台，推进预防监督的"天、地一体化"动态监控，建成面向社会公众的信息服务体系。《全国公路水路交通运输环境监测网总体规划》（交规划发〔2015〕81号）提出交通运输环境监测网是国家环境监测网的组成部分，涵盖全国公路水路交通基础设施的建设、运营及客货运输活动环境监测①，按照水、气、声、生态分环境要素汇总布局方案，其中水环境监测对象 1616 处，大气环境监测对象 1571 处，声环境监测对象 483 处，生态环境监测对象 643 处。

表 4-4　　国家重要规划和行动计划中对生态环境监测的要求

文件名称	颁发机构和文号	生态环境监测的有关规定
京津冀协调发展规划纲要		五、推动重点领域率先突破 （一）推进交通一体化发展。 发展安全绿色可持续交通。建立健全三省市交通运输能耗统计与环境监测体系。 （二）加强生态环境保护 构建京津冀区域生态环境监测网络，统筹区域环境质量管理。加快推行区域环境信息共享机制，建立跨界的大气、地表水、地下水和海域等环境监测预警体系和协调联动机制，强化突发环境事件的应急响应机制。 六、大力促进创新驱动发展 （一）强化协同创新支撑 协同突破科技创新重点领域。围绕大气污染治理，加强绿色交通、清洁能源、资源高效利用、清洁生产、监测预警等领域关键技术联合攻关和集成应用。 七、统筹推进协同发展相关任务 （一）增强资源能源保障能力 严格控制地下水超采，大力开展地下水超采综合治理，实施南水北调受水区地下水压采方案，加强水资源监测和考核。加强土地节约集约利用。加大闲置土地处置力度，利用卫星遥感等技术手段加强动态监测与监管。 八、持续深化体制机制改革 （二）构建协同发展的体制机制 建立生态环境保护联动机制。以大气污染联防联治、流域治理、水资源保护及扩大生态空间为重点，统一三省市生态环境规划、标准、监测、执法体系，搭建区域性循环经济技术、市场、产品服务平台

---

①　近期（2020 年前）初步建成公路水路交通运输环境监测网骨干框架，重点覆盖国家高速公路、沿海及内河主要港口、长江干线航道等重要交通基础设施与涉及国家级和省级自然保护区、饮用水水源保护区等环境敏感保护目标的交通基础设施。

续表

文件名称	颁发机构和文号	生态环境监测的有关规定
大气污染治行动计划	国务院关于印发大气污染防治行动计划的通知（国发〔2013〕37号）（2013年9月10日）	三、加快企业技术改造，提高科技创新能力 （八）强化科技研发和推广。加强灰霾、臭氧的形成机理、来源解析、迁移规律和监测预警等研究，为污染治理提供科学支撑。 七、健全法律法规体系，严格依法监督管理 （二三）提高环境监管能力。完善国家监察、地方监管、单位负责的环境监管体制，加强对地方人民政府执行环境法律法规和政策的监督。加大环境监测、信息、应急、监察等能力建设力度，达到标准化建设要求。 建设城市站、背景站、区域站统一布局的国家空气质量监测网络，加强监测数据质量管理，客观反映空气质量状况。加强重点污染源在线监控体系建设，推进环境卫星应用。建设国家、省、市三级机动车排污监管平台。到2015年，地级及以上城市全部建成细颗粒物监测点和国家直管的监测点。 （二五）实行环境信息公开。国家每月公布空气质量最差的10个城市和最好的10个城市的名单。各省（区、市）要公布本行政区域内地级及以上城市空气质量排名。地级及以上城市要在当地主要媒体及时发布空气质量监测信息。 各级环保部门和企业要主动公开新建项目环境影响评价、企业污染物排放、治污设施运行情况等环境信息，接受社会监督。涉及群众利益的建设项目，应充分听取公众意见。建立重污染行业企业环境信息强制公开制度。 八、建立区域协作机制，统筹区域环境治理 （二六）建立区域协作机制。建立京津冀、长三角区域大气污染防治协作机制，由区域内省级人民政府和国务院有关部门参加，协调解决区域突出环境问题，组织实施环评会商、联合执法、信息共享、预警应急等大气污染防治措施，通报区域大气污染防治工作进展，研究确定阶段性工作要求、工作重点和主要任务。 （二八）实行严格责任追究。对未通过年度考核的，由环保部门会同组织部门、监察机关等部门约谈省级人民政府及其相关部门有关负责人，提出整改意见，予以督促。 对因工作不力、履职缺位等导致未能有效应对重污染天气的，以及干预、伪造监测数据和没有完成年度目标任务的，监察机关要依法依纪追究有关单位和人员的责任，环保部门要对有关地区和企业实施建设项目环评限批，取消国家授予的环境保护荣誉称号。

续表

文件名称	颁发机构和文号	生态环境监测的有关规定
水污染防治行动计划	国务院关于印发水污染防治行动计划的通知（国发〔2015〕17号）（2015年4月2日）	九、建立监测预警应急体系，妥善应对重污染天气 （二十九）建立监测预警体系。环保部门要加强与气象部门的合作，建立重污染天气监测预警体系。到2014年，京津冀、长三角、珠三角区域要完成区域、省、市级重污染天气监测预警系统建设；其他省（区、市）、副省级市、省会城市于2015年底前完成。要做好重污染天气过程的趋势分析，完善会商研判机制，提高监测预警的准确度，及时发布监测预警信息 二、推动经济结构转型升级 （五）调整产业结构。严格环境准入。根据流域水质目标和主体功能区规划要求，明确区域环境准入条件，细化功能分区，实施差别化环境准入政策。建立水资源、水环境承载能力监测评价体系，实行承载能力监测预警 四、强化科技支撑 （十二）攻关研发前瞻技术。加强水生态保护、农业面源污染防治、水环境监控预警、水处理工艺技术装备等领域的国际交流合作。 六、严格环境执法监管 （十七）完善法规标准。健全法律法规。研究制定环境监测等法律法规。 （十八）加大执法力度。严厉打击环境违法行为。重点打击监测数据弄虚作假 （十九）提升监管水平。完善流域协作机制。流域上下游各级政府、各部门之间要加强协调配合、定期会商，实施联合监测、联合执法、应急联动、信息共享。 完善水环境监测网络。统一规划设置监测断面（点位）。提升饮用水水源水质全指标监测、水生生物监测、地下水环境监测、化学物质监测及环境风险防控技术支撑能力。2017年底前，京津冀、长三角、珠三角等区域、海域建成统一的水环境监测网。（环境保护部牵头，发展改革委、国土资源部、住房城乡建设部、交通运输部、水利部、农业部、海洋局等参与） 提高环境监管能力。加强环境监测、环境监察、环境应急等专业技术培训，严格落实执法、监测等人员持证上岗制度，加强基层环保执法力量，具备条件的乡镇（街道）及工业园区要配备必要的

文件名称	颁发机构和文号	生态环境监测的有关规定
		环境监管力量。各市、县应自2016年起实行环境监管网格化管理。（环境保护部负责） 七、切实加强水环境管理 （二十一）深化污染物排放总量控制。完善污染物统计监测体系，将工业、城镇生活、农业、移动源等各类污染源纳入调查范围。选择对水环境质量有突出影响的总氮、总磷、重金属等污染物，研究纳入流域、区域污染物排放总量控制约束性指标体系。（环境保护部牵头，发展改革委、工业和信息化部、住房城乡建设部、水利部、农业部等参与） 八、全力保障水生态环境安全 （二十四）保障饮用水水源安全。从水源到水龙头全过程监管饮用水安全。地方各级人民政府及供水单位应定期监测、检测和评估本行政区域内饮用水水源、供水厂出水和用户水龙头水质等饮水安全状况，地级及以上城市自2016年起每季度向社会公开。自2018年起，所有县级及以上城市饮水安全状况信息都要向社会公开。（环境保护部牵头，发展改革委、财政部、住房城乡建设部、水利部、卫生计生委等参与） 加强农村饮用水水源保护和水质检测。（环境保护部牵头，发展改革委、财政部、住房城乡建设部、水利部、卫生计生委等参与） 九、明确和落实各方责任 （三十一）落实排污单位主体责任。各类排污单位要严格执行环保法律法规和制度，加强污染治理设施建设和运行管理，开展自行监测，落实治污减排、环境风险防范等责任

（五）"互联网 +"绿色生态为生态环境监测带来重要机遇

互联网与生态文明建设的深度融合正在推进。"互联网 +"绿色生态集中体现在构建覆盖主要生态要素的资源环境承载能力动态监测网络，实现生态环境数据互联互通和开放共享[①]。在此形势下，要求

---

① 《国务院关于积极推进"互联网 +"行动的指导意见》，国发〔2015〕40 号。

生态环境监测网络体系既能保证监测数据规模足够大，尽量覆盖各地区、各要素、各时段；又要保证监测数据质量足够高，具备科学性、准确性、可比性；同时，还要保证监测信息能联网、能共享、能应用。当前，运用大数据加强和改进生态环境监管为大势①，以往"用眼睛看、用鼻子闻、跟感觉走"的粗放监管模式，逐渐转型发展为监测和监管联动的精准监管模式。

除此之外，山水林田湖的完整性对统筹生态环境监测提出新要求。生态文明建设要树立尊重自然、顺应自然、保护自然的理念，坚持山水林田湖是一个生命共同体，不能人为割裂自成一体的生态系统。这是我国生态文明建设的理念，也是生态环境监测体制改革需坚持的基本原则。为了统筹监测水流、大气、土壤、森林、草原、海洋等生态环境要素，需对位于上风向与下风向、上游与下游、地上与地下、陆地与海洋的各个监测网络体系，进行整体布局和统一规划。目前，一些部门和地方正在开展相关示范工作。

三、我国生态环境监测网络体系的现状及问题

经过半个多世纪发展，我国已形成覆盖水流、大气、土壤、森林、草原、海洋等多种生态环境要素的监测网络体系。该体系在我国资源节约和环境保护进程中发挥了重要作用。新形势下原有生态环境监测网络体系的弊端开始凸显。

（一）部门监测网络分割，信息壁垒普遍存在

同一生态环境要素由不同部门重叠交叉监测。我国的生态环境监

---

① 《国务院办公厅关于运用大数据加强对市场主体服务和监管的若干意见》，国办发〔2015〕51号。

测职能分散在环保、国土、水利、海洋、林业等诸多部门，监测网络也由这些部门依据不同的法律法规进行管理（图4-1）。比如，环保、气象、交通等3个部门，分别管理着3个不同而又部分交叉的大气监测网络，类似的，水监测大体涉及8个部门。不同部门同一生态环境要素的监测网络，在覆盖范围、布网密度、监测方法、监测指标、管理规范等方面往往不同，导致监测结果缺乏可比性，也常出现监测结果差异较大甚至矛盾的情况。这不利于全面、客观、准确地评价我国生态环境质量。同时，各部门单独发布不完全相同的监测结果，在一定程度上也影响政府公信力。相关法律法规中生态环境监测职能的重叠交叉、模棱两可、甚至冲突，是造成"数出多门、数据打架"的根本原因。

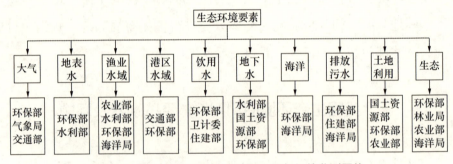

图4-1　同一生态环境要素涉及不同部门的监测网络

部门信息壁垒普遍存在。尽管相关法律法规中有不少关于各部门监测数据共享的规定，但由于部门利益分割，这些规定并未得到真正执行，部门间信息共享的长效机制也未形成。一些部门制定了监测信息公开共享的管理办法，但数据公开共享的范围、方式、时效性都存在局限。此外，一些部门对哪些监测数据需按照《保守国家秘密法》规定进行管理，尚存模糊，这在一定程度上也影响了信息公开共享。面对信息壁垒，部门间主要依靠行政协调、签订数据共享备忘录等方式，实现暂时、有限的信息共享，这显然不利于提高政府行政效能。

（二）央地监测网络分离，国控网的运行效能不高

全国监测网络分级设置，各部门多张国控网的运行基本由地方承担。不同部门的生态环境监测网络，按行政层级大体可分为国控网和地方网，全国分散着多张国控网（表4-5）。目前气象部门的国控网完全由国家垂直管理，其他部门大多委托隶属于地方政府的监测机构管理，尽管一些部门也设立了隶属于中央的区域监测机构来承担部分监测任务。

表4-5　　部分生态环境监测网络的国控网和地方网的覆盖范围

部门的网络	监测点位/断面（个）	全　国	
		国控网	地方网
环保部门	1. 环境空气质量监测网	1436	1565
	2. 地表水水质监测网	972	8442
	3. 开展污染源监督性监测的重点企业数	15000	46454
水利部门	地表水水质监测网	1000 *	10795
国土部门	地下水监测网	1970	12660

注：* 此处的数据来自水利系统的专家访谈，1000个指的是水利部流域机构的水质监测站，可视为国控网。

资料来源：《中国环境年鉴2014》《中国国土资源统计年鉴2014》《中国水利统计年鉴2014》。

中央财政配套不足影响了国控网的科学高效运行。中央政府各相关部门将大部分国控网的监测任务以行政命令的方式委托给地方监测机构，但相应的财政保障往往滞后或不足，使地方承担了与其能力不相符的监测任务，监测数据质量难以得到保证。比如，按2010年情况测算，国土资源部门地下水监测网运行经费每年约需1700万元，但中央实际只配套500多万元。其他一些生态环境监测部门也面临类似问题。

地方政府的行政干预影响了国控网的独立运行。环保部门的国控

网作为落实污染防治行动计划的履约网，受到的影响最大。中央考核地方党委和政府环境绩效所需的监测数据，基本由地方监测机构提供，而地方监测机构的人员、编制、经费和领导干部任免又由地方政府决定，在这种体制下，地方政府对监测数据的干预在所难免。

国控网与地方网的数据共享机制有待健全。目前各个部门都在推进本部门的生态环境监测信息化工作，国控网的监测数据基本能够自动传输或人工上报到中央，而大量地方网数据并没有汇交到国家统一集成，尚未实现全国联网。这不利于提高地方监测数据的利用效率，也不利于构建全国生态环境监测的大数据系统。

（三）政府监管能力滞后，监测服务质量有待提高

政府购买环境监测服务的步伐加快，但监测服务的质量尚不尽如人意。市场力量的引入提高了生态环境监测效率，但目前社会检测机构能力总体偏弱，普遍存在规模小、质量控制和质量保证体系缺乏、人员专业素质不高等问题。环境监测市场的不规范导致监测数据质量良莠不齐。

政府对环境监测服务市场的监管能力滞后。各类社会环境检测机构在计量认证等方面受质监总局的统一监管。当这些机构提供专业化的环境监测服务时，又受环保、水利等部门的专业监管。目前，这个环节存在三个突出问题：一是环保、水利等专业监管部门与质监总局等综合监管部门，在对社会环境检测机构行使监管职能时出现一些不协调情况；二是专业监管部门缺乏对社会检测机构行使监管权力的法律依据；三是在简政放权背景下，在不允许通过设置行政许可管理社会检测机构时，专业部门尚未健全政府采购环境监测服务的规则体系。

（四）监测技术水平有待提高，数据互联互通尚存技术瓶颈

生态环境动态监测水平有待提高。目前，环境空气质量监测、大气污染源排放监测大部分实现了连续自动监测；水的连续自动监测只占少部分，多数为人工监测。土地利用、水土流失、森林、草原等生态环境要素监测或为基于项目开展的调查监测，或间隔几年监测一次。数据及时性和连续性的不足，妨碍了构建先进的生态环境监测预警体系。

国产监测仪器不够先进，进口监测仪器"水土不服"。国产环境监测仪器的制造工艺比较粗糙，自动化和智能化水平不高，导致监测结果往往缺乏连续性和稳定性。进口环境监测仪器的设计与制造大多基于发达国家情况，在中国使用时，常出现监测数据失真现象，有时偏离程度还较大，不利于科学评价环境质量，也容易造成决策失误。

遥感数据源制约监测进程。遥感监测在生态环境监测领域的应用越来越多，但现有的卫星数据源远不能满足大范围、短时间的数据订购需求，定点、定位的高分辨率遥感数据获取尤为困难。我国对高分辨率的卫星应用还主要依赖国外卫星数据，比如重污染天气预报预警大多采用美国和欧洲有关机构公布的气象要素资料。这种受制于人的局面难免影响国内监测预警工作的开展。

环保物联网应用处于初期阶段，开展生态环境大数据分析面临体制障碍。当前国内外自动监测仪器仪表厂商没有统一的数据传输协议可共同遵守，监测仪器设备的联网改造是实现数据互联互通的薄弱环节之一。同时，开展生态环境大数据分析无成熟经验可借鉴，也面临由于部门分割、央地关系不顺而造成的数据规模不够、数据质量不高等问题。

四、生态环境监测网络体系研究的理论框架

生态环境监测是开展生态环保工作的基础，是生态文明建设的重要支撑。生态环境监测服务供需和生态监测网络建设形势不断发生变化，主要影响因素包括生态监测技术的普及、社会化监测机构的发展、政府监测职能的转变、政府购买社会化监测服务的推广、信息化技术的发展、政府之间的职能整合等。

（一）生态环境监测服务的供需主体

生态环境监测是随着经济社会发展阶段，人们对生态环境的需求不断提高而逐渐产生，在不同的发展时期人们所关注的生态环境重点也是在不断变化。《生态环境监测网络建设方案》中提出要形成政府主导、部门协同、社会参与、公众监督的生态环境监测新格局，落实政府、企业、社会责任和权利，各级相关部门所属生态环境监测机构、环境监测设备运营维护机构、社会环境监测机构及其负责人要严格按照法律法规要求和技术规范开展监测。从需求和供给角度分别阐述了生态环境监测网络中政府、公众、企业三大需求主体和各级部门所属生态环境监测机构和社会环境监测机构两大供给主体。

1. 需求主体

从需求角度来说，政府有责任通过生态环境监测提供更好的生态环境和治理环境污染，以实现经济社会的可持续发展；公众天然就会有对更好的生态环境的需求，公众有权利知道生态环境质量的状况，企业履行社会责任必须要开展相关生态环境监测。

——政府履行公益性和监督管理职能。生态文明建设是中国特色

社会主义事业的重要内容，党中央、国务院高度重视生态文明建设，先后出台了一系列重大决策部署，推动生态文明建设取得了重大进展和积极成效。生态环境监测是开展生态环保工作的基础，是生态文明建设的重要支撑。党中央、国务院将生态环境监测作为考核问责地方政府落实本行政区域环境质量改善、污染防治、主要污染物排放总量控制、生态保护、核与辐射安全监管等职责任务的科学依据和技术支撑。生态环境监测也是政府依法履行对排污单位的环境监管职责的手段，依托污染源监测开展监管执法或实施现场同步监测与执法。

——公众对良好生态环境质量的知情。公众对良好的生态环境质量具有天然的需求，希望能够方便获取所处生活环境的生态环境质量，以实现公众健康防护、出行等需求。满足公众对生态环境质量的知情权，必须要依靠生态环境监测。同时，更方便地获取生态环境质量和监测数据，有利于高校、科研机构、社会组织等开展教学、科学研究，让更多的人才和机构参与到生态环境的相关研究，利用公众智慧对生态环境的现状、发展趋势、监测预警等提供更好的基础。

——企业履行社会责任和合规性监测。污染源企业会对生态环境质量产生一定破坏，企业有责任降低污染物排放、治理受污染的生态环境，而要实现这一目的，污染源企业就需要通过生态环境监测来满足企业排放信息公开和排污申报等合规性要求。通过对污染源企业排放的废水、废气、噪声等污染物监测，有利于政府掌握污染物排放情况，从而制定有效的污染物治理措施。重点排污单位污染源排放都必须实现自动监测。

可以看出，需求主体的共同目标是提供良好的生态环境，但是政府、公众和企业的角色定位、需求内容和实现途径有一定的差异，但是都不能离开生态环境监测。政府是提供良好生态环境的第一责任人，要保证生态环境质量改善和可持续发展、提供更好的生态环境，政府可利用的手段主要是通过环境监测激励和鼓励下级政府和企业提供更好的生态环境，同时，最好能够用更少的财政支出来实现这一目标。公众是生态环境的最终消费者，需要政府保证生态环境安全、提高生态环境质量，公众可以通过生态环境信息公开等方式参与生态环境监测。企业对生态环境质量有直接影响，通过减少污染物排放、治理环境污染等措施来改善生态环境。

2. 供给主体

从供给角度来讲，提供生态环境监测服务的供给主体主要是事业单位类的生态环境监测机构和社会化监测机构。

——事业单位监测机构。我国最先提供生态环境监测服务的主要是环保、水利、国土、气象、农业、林业等不同部门直属的生态环境监测事业单位。这些事业单位主要服务于主管行政机构的生态环境服务需求，根据行政机构对水、土、气等不同生态环境要素的现状、质量、发展趋势等要求而开展生态环境监测。这部分政府事业单位性质的监测服务机构主要任务是承担政府交办的各项工作任务。各政府部门环境要素监测任务在成立之初都较为单一，相互之间交叉较少。随着各部门对生态环境要素的需求越来越多，但是部门之间信息共享机制不畅，而且各部门所关注的重点不一样，各政府部门都相继扩大了环境监测要素的监测目的。同时，随着事业单位的改革，事业单位性质的环境监测机构也开始走向市场化，利用自身的技术、人才、资产优势开展相关社会监测服务。

——社会化监测机构。社会化监测机构兴起的原因有三个，一是伴随着生态环境监测技术的不断发展，社会力量有能力建立监测机构；二是包括政府、公众、企业在内的需求主体对环境监测的需求不断增加，政府事业单位的环境监测机构不能完全满足市场的需求；三是随着国家服务型政府的建立，可以走向市场化的相关服务逐步放开，环境监测的市场化是大势所趋。目前我国社会化监测机构主要可以分为三大类，第一类是完全市场行为的民营和外资检测机构；第二类是排污企业内部的检测机构，主要服务于排污企业的污染物排放监测；第三类是高校和科研院所的监测机构，主要开展相关的教学和研究，但大部分没有向社会提供监测服务，可以向政府提供相关研究服务。

但是，政府事业单位监测机构和社会化监测机构存在着一定差异。首先，从机构性质看，政府事业单位监测机构隶属于各政府职能部门，具有官方权威性质，能够发布权威的生态环境质量信息，如重污染天气预警、天气预报等。社会化监测机构则大部分都属于企业性质，完全按照市场化规则运营。其次，从机构资产来源看，政府事业单位监测机构在成立之初由政府财政在人才、资本、设备等方面投入，社会化监测机构则主要依靠自身经济实力投入，部分高校和科研机构的投入也有一定的国家财政支持。最后，从机构职能看，政府事业单位监测机构主要集中在单位法定职责所要求的监测任务，能够参与相关领域内的行业标准、规则、资质的制定和认定，大部分机构都具有相关的资质、评审资格；社会化监测机构则根据市场需求来选择主要的监测方向，在行业标准、规则、资质方面的权威性较弱，在市场竞争时基础资料、人力资源、监测设备、分析成本等方面弱于政府事业单位监测机构。

（二）生态环境监测服务的供需机制

通过分析生态环境监测服务的需求主体和供给主体，可以建立生态环境监测服务的供需机制模型。政府、公众和企业对生态环境监测服务有需求，政府事业单位和社会化监测机构能够提供相应的监测服务。供需主体之间主要是通过行政命令和市场选择两种方式来决定生态监测服务供需。

表 4 - 6　　　　　　　　　生态监测服务的供需机制模型

需求方 ＼ 供给方	政府事业单位		社会化监测机构		
	隶属于本职能部门	隶属于其他职能部门	民营/外资	排污企业内部检测机构	高校和科研院所
政府履行公益性和监督管理职能	√	○	○	无	○
排污企业履行社会责任和合规性监测	◎	◎	○	□	○
公众对良好生态环境质量的知情	信息获取的政府渠道（最具权威性）			排污企业自行公开渠道	科研成果公开发表渠道

　　注："√"代表监测任务下达；"□"代表主体自行监测；"○"代表购买服务；"◎"代表购买服务但正逐渐弱化。

1. 行政命令型供需机制

　　行政命令型的生态环境监测服务供需机制主要是指政府事业单位性质的监测机构法定职能规定的监测服务供需。在此种类型的生态环境监测服务供需机制中，生态环境监测服务的需求主体是政府，供给主体是事业单位监测机构。

　　运行方式主要是通过监测事业单位监测职能规定和政府监测任务下达这两个方面。政府在事业单位监测机构的法定职责中规定了相应监测任务，同时政府给予一定的财政经费来完成监测任务。政府的监测任务下达则是定期与不定期的，监测管理部门每年年初都以监测任务要点的方式层层下达，也会不定期地下达临时监测任务。

行政命令型的生态环境监测服务供需机制的优点在于能够较好地执行政府所要求的监测任务，能够实现自上而下的快速统一和部署。但是由于行政命令往往不考虑效率，在一定程度上造成监测机构任务繁重，影响监测数据质量。

随着市场选择型供需机制的兴起，行政命令型的监测服务供需机制也在不断发生变化。以前只能委托给事业单位监测机构的监测任务，现在也逐步放开给社会化监测机构。事业单位监测机构和社会化监测机构之间在监测服务开展中存在着一定的竞争。

2. 市场选择型供需机制

市场选择型的生态环境监测服务供需机制主要是指各种类型的生态监测服务供给主体都能公平参与竞争的监测服务供需。在此种类型的生态环境监测服务供需机制中，需求主体包括政府、公众和企业，供给主体包括事业单位监测机构和社会化监测机构。

市场选择型供需机制主要是通过国家鼓励发展社会化监测服务机构、政府简政放权、政府购买环境监测服务、事业单位性质改革、排污企业单位监测信息公开、公众对环境质量需求增强等因素而兴起的，要晚于行政命令型供需机制，但却是目前主流的发展趋势。市场选择型供需机制主要是通过价格机制进行选择，能提供更优的监测服务、更低的价格、更好的社会信用度的监测机构将会在市场选择型供需机制中赢得竞争优势。

市场选择型的供需机制对监测资源的配置效率更高，在一定程度上提高了监测服务效率，降低了监测成本；但这种方式有赖于生态环境监测市场的良性发展，否则企业的逐利动机难以确保优质、有效的生态环境监测服务的供给。同时，要避免生态环境监测服务的利益相关方在监测程序中的作假等行为，要进行有效的监管。

总体来看，生态环境监测服务的供需机制的变化呈现下述特征：一是政府公益性职能和监督管理职能加强，其他监测职能将放开；二是监测机构事业单位的主要业务将随着上级主管部门职能的调整以及事业单位改革等而相应调整；三是排污企业以及建设项目有关合规性监测将更多地依靠市场。

（三）政府生态监测职能的配置方式

生态环境监测服务目前分散于政府多个部门之间。政府对履行政府职能监测机构的监管主要是为了确保政府依法行政、科学履职，维护政府权威和公信力。对于履行政府职能监测机构的主要职责包括：制定法律法规，实现依法监测；建立技术标准，确保科学监测；明确政府职能，划清事权。

1. 政府管理碎片化的整体性治理

20世纪70年代末80年代初，"新公共管理运动"在世界范围内掀起。在新共管理的视野中，公民类似于顾客，政府则被比作市场，政府和个人都能够根据他们的自身利益做出选择，忽略了公共利益对决策的影响，使政府的合法性和社会秩序运行的基础受到了挑战；注重专业分工和公务人员的个人特长，容易导致政府组织结构分散和公民满意度降低；"专业化"变革必然导致行政职能越分越细，部门越来越多，导致职能不清、管理碎片化和交叉管理问题。具体表现为两方面。一方面，部门之间的联系越来越紧密，跨部门、跨区域的公共事务增多，仅靠单一组织的力量已经难以解决，因此基于共同利益的考虑，各组织开始走向联合。另一方面，机构臃肿、资源浪费、部门主义、管理效率低等弊端以及对市场机制过于推崇，导致各专业部门仅关心本部门利益，忽略了部门间的合作与协调，管理力量分散。

（1）整体性治理理论的理论内涵

整体性治理理论特别强调政府组织体系整体运作的整合性与协调性。就本质而言，整体性治理是对强调专业分工的传统官僚型行政模式和主张分割公共服务链条的新公共管理的超越。具体而言，主要体现在以下几方面。

——整体性治理追求整体性价值理念。整体性治理理论在理念上强调政府整体效果的最优和公共利益实现最佳，因而在组织文化上，着重塑造公共部门内部的"凝聚性文化"和牢固、统一的价值观，并通过强化培养公务员自我发展意识，促进团队建设、组织参与、信任、责任等价值为基础的管理与合作。这表明整体性治理的特征就是对整体性文化和价值的塑造与追求，使这种文化理念在改革实践中为政策选择和治理变革提供价值引导。

——整体性治理强调整合式的组织结构。整体性治理主张用整合化的组织形式来代替专业分工严格的传统行政组织，整合式组织的含义不仅包括内部部门从分散走向集中，还包括政府组织和社会其他组织结成的各种伙伴关系、网络化结构关系，在此基础上实现对公共问题的协商解决和对公共服务的有效供给及资源的充分利用。

——整体性治理强调跨部门的协调机制。整体性治理强调在组织间构建新的沟通方式和工作机制，在实践中运用跨越部门边界的沟通协调方法、技术与机制。无论是在理念设计还是实践经验中，整体性治理在组织结构上的重构是与新型沟通协调机制的创建密不可分的，组织结构的优化与调整为部门间合作的达成奠定了基础、提供了保障，而良好的沟通协调机制和方法又能促进部门间的合作，从而推动组织结构的进一步完善与变革。

——整体性治理强调信任机制。信任机制是整体性治理结构运转的关键。第一，要促成整体性治理体系中信任的达成，必须要注重信任道德教育，因为信任意识的自我强化是道德自律的结果，因此培养政府的道德自律意识有利于巩固整体性治理信任关系。第二，政府信用是整体性治理的基础，是引领和促进合作型治理结构达成的保障。在各种不确定性和随时可能引发的各种危机面前，政府仅仅使用权威化的制度体系是难以有效应对的，必须动员大量基层工作人员和社会其他的治理力量对公共问题的解决过程进行广泛、平等的参与。

——整体性治理强调责任感。政治责任感意味着官员从政治高度对其本职工作热爱与负责的精神，官员有责任将政府组织重大决策、政策执行、人事制度、预算制度、采购制度、政府组织间合作的进展等情况向公民发布，使政府组织运行过程透明化、合法化，让公民了解政府组织的发展和运行状况，并对其进行监督。对于政府组织决策失误、政策执行的失败及贪污腐败等现象，并导致重大财产损失的，政府组织中的官员除承担行政责任外，还要主动承担政治责任或请辞。

管理层次的责任感主要通过审计、支出控制、预算规划、绩效测量和政治监督来实现，法律层次的责任感通过行政的法律监督、司法审查和民事法律，且由专门调查公民对公职人员所提控告的视察官、特定域的法官和准司法管理者来加以审查。

——整体性治理强调制度化。整体性治理为复杂社会关系提供有效"游戏规则"，以协调社会的竞争和合作，缓解个人与个人之间、群体与群体之间日益凸显的利益冲突和利益矛盾，促进社会公共利益的最大化实现。

（2）对生态环境监测服务整合的启示

生态环境监测服务管理碎片化明显，部门管理资源、权力分散；

管理面临的公共事务和公共问题日益复杂、社会对管理服务的要求越来越高，理顺管理体制成为现实的迫切需要。在理顺管理体制进行管理体制创新过程中，面临的核心问题实际上正是管理碎片化、机构臃肿导致的效率低下、部门间协调性差、制度化法律化的部门间相互制衡的能力差、部门服务功能分散等。

——基本理念：责任至上，公共利益导向

在管理创新过程中应强化责任感，要求把有效性或项目责任提升到最高地位，以确保诚实和效率责任不与这一目标冲突；管理创新应注重简化和变革政府机构与其客户间的关系，以公众的需要为基础，将重点放在建立一个真正以公民、服务、需要为基础的组织基础，以公共服务功能为基础、以解决民生问题为核心、以公共服务结果为导向，让职能回归公共服务。

——制度目标：构建无缝隙的、大部门式管理体制

通过调整政府组织中部门间或机构间的职能与管辖范围，将职能相近、重叠和交叉的业务性质雷同的部门或机构整合为一个更大的部门或机构，使这些部门或机构拥有较宽的管辖范围，以便于横向协调与管理，避免和减少政府组织及其部门间、机构间的矛盾和冲突。

组织结构不再以特定功能为基础，而是在不取消部门专业化分工的前提下实行跨部门合作。可以采取以下整合方式。首先，不同层级或者同一层级上治理的整合；其次，治理功能的整合，既有同一机构内不同功能上的整合，也有不同部门之间的整合；最后，公私部门之间的整合，如政府部门、私人部门以及非营利性机构之间的合作。其组织设计或机构重组"既要克服内部的部门主义、视野狭隘和各自为政的弊病，提高对涉及不同公共部门、不同行政层级和政策范围的复杂问题的应对能力，又要调整与社会、市场的横向关系，以政府为纽

带，发挥其战略协作的作用，构建政府与市场、社会通力合作、运转协调的治理网络"。

——服务供给："一站式"供给

管理运作以公众需求为核心，每个运行环节相互协调、步调一致，形成一个整体性的运转流程，在流程中通过横向与纵向的协调，消除政策相互抵触的情况，使某一政策领域的不同相关利益主体团结协作，提供"一站式"服务。在管理过程中，动员分散资源提供公共产品和服务，通过发展联合的知识和信息策略，增进公共服务中各供给主体间持续地进行知识和信息的交换与共享，形成协同的工作方式，为公众提供联合服务。同时利用现代网络技术，改变政府部门林立、条块分割、等级森严的结构关系，也能够避免传统行政所导致的腐败和不作为。以网络为基础的整体政府的行政业务和程序将彻底透明化，民众可以方便、快捷、低成本地了解相关信息，获取政府提供的服务。

——支撑设施：危机治理信息中心

"没有高度发展的电子化政府，就无法跨越政府的层级鸿沟，也无法将数量庞大的行政机构和单位用电脑连接起来，以便向民众提供'一站式'服务。"公共危机治理体系首先需要针对信息的封闭与分割问题，进行政府的电子化改革，将不同政府层级、不同机构单位和不同政府的网站进行整合，成立统一的危机治理信息中心，使之发挥信息收集、分析和传递的整体效率。

——大部制部门的整合方式

整合的目的是消除不同政策之间的冲突，消除不同项目之间的重复，提升部门之间及其利益相关者之间的合作水平，改善公共服务的质量，消除部门之争带来的资源浪费等。但在整合的每一个阶段，需制定相应的治理工具、设置相应的机构，保障整合得以完成；同时采取纵向整合、横向整合和公私部门整合在内的立体整合机制。纵向治理层级整合，指上级和下级部门的整合；横向整合，即公共事务的解决可以在公共部门、企业和第三部门之间得到妥善解决，服务外包、志愿服务等形式就是公私部门相互合作、共同发展的典例。功能性整合，既包括同部门不同功能的整合，又包括不同部门相同功能的整合。

2. 不同层级政府监测职能的划分

与我国行政管理体制层级相对应，我国履行政府监测职能的监测机构也分为不同层级，按照属地管理原则分别属于不同层级政府管理。不同层级政府监测职能划分的基本原则责权利对等。政府监测机构与同级政府之间的关系主要可分为以地方政府管理为主的属地管理和以上一级政府管理为主的垂直管理。

在《关于〈中共中央关于制定国民经济和社会发展第十三个五年规划的建议〉的说明》中提出实行省以下环保机构监测监察执法垂直管理制度，省级环保部门直接管理市（地）县的监测监察机构，承担其人员和工作经费，市（地）级环保局实行以省级环保厅（局）为主的双重管理体制，县级环保局不再单设而是作为市（地）级环保局的派出机构。环保机构监测监察执法垂直管理主要是为了增强环境执法的统一性、权威性、有效性。按照这种管理体制改革方向，对于环境监测类型划分来说，环境保护部适度上收生态环境质量监测事权，重点污染源监督性监测和监管重心下移，加强对地方重点污染源监督性监测的管理。地方各级环境保护部门相应上收生态环境质量监测事权，逐级承担重点污染源监督性监测及环境应急监测等职能。

对于监测机构的设置层级，目前我国大致可以分为多层级、较少层级和区域层级三大类。多层级是指中央—省级—地市级—区县级，较少层级是指中央—省级，区域层级是指中央设置区域监测机构，如水利、海洋等。

3. 不同职能部门监测职能的配置

目前，我国的环境监测职能在环保、水利、国土、气象、农业、林业等不同部门的下属事业单位监测机构中都有分布，分别承担各部门的政府法定职能所要求的环境监测工作。政府监测机构与职能部门的关系可以分为两种。大部分监测机构都隶属于职能部门，受部门牵制，更贴合部门管理需求；部分监测机构独立于职能部门，保持独立，贴合管理需求相对弱，比如中国气象局。

在《生态环境监测网络建设方案》中提出，要依法明确各方生态环境监测事权推进部门分工合作，强化监测质量监管，落实政府、企业、社会责任和权利。要建立统一的环境质量监测网络，环境保护部会同有关部门统一规划、整合优化环境质量监测点位，建设涵盖大气、水、土壤、噪声、辐射等要素，布局合理、功能完善的全国环境质量监测网络。

在生态环境监测职能配置相对分散的情况下，各生态环境监测要素分散在诸多不同部门监测，更易实现专业化监测，与职能部门的管理需求更契合；但在中国目前各职能部门划分不清且有关法律法规打架的情况下，容易造成同一生态环境要素的交叉重复监测，"碎片化威权主义"导致"数出多门"，严重影响政府的权威性和公信力。另外，过于分散监测也割裂了生态系统的完整性，不利于全面、客观、科学地获得监测结果。

在生态环境监测职能配置相对集中的情况下，各生态环境监测要素相对集中在若干职能部门，在当前国家推进生态文明建设的大势下，相对集中监测利于统一部署、统一管理，各部门形成监测合力，便于为生态文明建设的宏观决策以及生态文明建设重大制度的建立提供数据支撑；但过于集中的监测，在一定程度上会与各相关职能部门的特点管理需求脱节。

（四）社会化监测机构的培育和监管

社会化监测机构已经发展成为我国监测力量中的重要组成部分。按照国际环境监测的发展趋势，社会化监测机构将会在环境监测市场中发挥主要的作用。社会化监测机构具有了承担大部分监测业务的能力，让社会化监测机构承担这类业务也符合国家鼓励购买社会服务的要求。社会化监测机构的监管目标主要是：培育生态环境监测市场，建立和维护公平、公正、开放、健康的环境监测市场秩序，推进环境监测服务社会化、制度化、规范化。政府所属事业单位监测机构应该逐步退出一般性环境监测业务，开放服务性监测市场，鼓励社会环境监测机构参与排污单位污染源自行监测、污染源自动监测设施运行维护、生态环境损害评估监测、环境影响评价现状监测、清洁生产审核、企事业单位自主调查等环境监测活动。在基础公益性监测领域积极推进政府购买服务，包括环境质量自动监测站运行维护等。政府监测机构的职能逐渐从提供数据向提供信息资源及决策服务转变。

1. 政府职能模式

指政府与市场的关系模式，是政府如何在市场调节的基础上对经济的运行加以调控的方式、方法的总和，集中反映在政府所确立的经济体制和政府参与的经济运行机制之中。在近代社会，依次出现了"保护型的政府职能模式""干预型的政府职能模式"和"引导型的政府职能模式"。

引导型政府职能模式是亚洲新兴工业化国家和地区在经济腾飞过

程中出现的一种新型的政府职能模式,既能保证社会的独立性与自主性,又能充分发挥政府作为社会总体利益代表者而对社会经济生活的协调与控制。在这种模式下,政府与社会处在一种相互制约又相互合作、相互独立又彼此依赖的有机统一的关系中。

引导型政府职能模式与干预型政府职能模式的共同之处是,都介入市场运行中去对经济进行干预,而且都表现出采取宏观调控的手段。引导型政府职能模式与保护型或干预型政府职能模式的根本区别在于它具有充分的主动性和先导性。引导型政府职能模式中的行政应当是服务行政。总之,引导型政府职能模式的特征在于它既能保证社会的独立性与自主性,又能充分发挥政府作为社会总体利益代表而对社会经济生活进行协调与控制。

我国引导型政府职能模式是在计划经济体制向市场经济转换过程中形成的。政府的引导职能从两个方面在全面社会管理中发挥作用。其一,政府需要在社会治理结构的变革中发挥引导功能,确立起包括政府在内的多元治理主体共同合作的治理模式,特别是在经济发展方面,要变指标约束为信息导向,变行政推动为市场拉动,做到政府引导市场、市场引导企业。其二,政府在多元治理主体的合作治理过程中,着重于战略方向的把握,通过"元战略"的确立而实现对治理过程的总体引导。

政府运行与企业运行之间存在差异。一是政府承担的一般是企业不愿做或不能做的事务,政府是为了提供企业不愿或无法有效提供的产品和服务。二是政府承担的通常是某些特定职责,若交由追求利润最大化的企业负责,可能会带来社会危害。三是企业可以用金钱来衡量成败,相对较容易确定目标和衡量。企业最终都是为了追求长期利润最大化这一目标,政府并没有明显可见的"评价基准"。四是企业没有义务尊重每个人的不同意见。

2. 规范市场运行秩序

市场秩序涉及两方面，一是研究整顿和规范市场秩序的规则和制度安排，二是建立有效的驾驭市场经济的制度和秩序。规范有序的市场竞争秩序包含市场体系的完善、市场结构的竞争性、市场的公平性、市场的透明度、市场的自由度、市场的开放度、市场的有组织性、信用关系的可靠性、市场调节信号的完善和准确性。市场秩序建立的目标是保护所有权（特别是知识产权）、降低交易成本①、保证公平的市场交易和实现社会利益。

市场秩序混乱的表现主要体现在以下几个方面：一是要素市场建设滞后。经营者市场不完善，缺乏经营者的竞争，也缺乏对经营者的市场评价、选择和监督机制。二是维持市场秩序和信用的市场规则和信用制度不完全，竞争缺乏规范，信用缺失。三是统一的市场体系还没有建立起来，存在行业垄断，主要是非自然的行政垄断，阻碍了商品和生产要素在部门间的自由流动，竞争性市场还没有完全形成。四是市场转型成本大，两种体制并存，市场不完善，法制不健全。

市场秩序混乱的理论说明主要包括博弈论和信息经济学。在博弈论视角下，市场竞争类似博弈过程，交易者之间的不合作会导致市场秩序混乱，最终博弈结果是双方都没有获得预期利益。凡此多次的市场交易，可能使市场欺骗行为普遍化。使非合作博弈趋向合作博弈的关键是要形成一种市场治理机制，建立市场规范和市场规则，解决好预期和组织。在信息经济学视角下，交易双方对所交易商品和市场的了解程度是不一样的，利益关系又阻碍信息披露，获取信息的成本不

---

① 不只是要通过制度安排来降低交易成本，还要通过培育市场、建设市场等途径来克服市场秩序混乱所产生的交易成本。

固定，市场不活跃或者缺失，产生签订合同前的逆向选择和签订合同后的道德风险，最终会导致市场中的"劣币驱逐良币"。

建设有序竞争、统一的市场，要从以下几个方面着手：

第一，建立市场规则。提高市场调节效果、降低市场运行成本的重要途径是建立市场规则。市场规则的设计目标是形成充分竞争，让竞争机制发挥作用，对竞争行为进行规范和约束，保证契约的执行，同时降低市场交易成本。在价格放开后必须建立定价行为规范，竞争放开后必须建立竞争行为规范。一是市场准入规则。形成市场准入门槛，不同的企业依自己的经营能力上的差异和承担风险的能力进入不同的市场，经营不同的项目。二是市场退出规则。取消各种保护和阻碍劣势企业退出市场的体制和政策。三是市场定价规则。市场价格形成机制包含自主定价、充分竞争和必要的规范三个方面。市场价格垄断主要体现在买方市场上企业竞相压价倾销，在卖方市场上企业哄抬价格。市场定价并不意味着政府在价格形成过程中置身事外，而是要求规范政府对价格的干预范围、方式和手段。

规范市场规则的政府本身也应该有规则的约束。政府职能的错位、政府权力的滥用都会引起市场秩序的混乱。政府和市场的作用范围和领域都应该有有效边界，一旦超出范围，政府干预和市场机制都会破坏市场的正常秩序。

第二，完善市场结构。目前的市场分割主要是指被条条块块所分割，实质是政府分割市场的行为。条条就是指行业垄断，实质是行政垄断。完善市场结构，实现要素的自由流动，企业自由流动，产品和服务自由流动，各类市场主体平等地进入市场并平等地使用要素。要破除垄断所赖以依附的行政基础，放松管制。

第三，政府干预市场的秩序和规范。在市场秩序建设中，政府是极为重要的一环。不仅要求政府主导市场秩序建设，还要求政府的机制成为市场秩序中的重要节点。政府执行的公共性职能突出在市场监管。市场监管就是维持市场秩序、保障公平交易、保护市场参与者的合法权利。政府的作用主要体现在维持市场秩序，降低交易成本，打击不法行为；培育市场力量，完善市场组织，增强市场协调能力。

政府干预市场的行为本身也要遵守市场秩序。政府职能的错位、政府权力的滥用都会引起市场秩序的混乱。政府超越了所应该拥有的权限，直接介入企业的微观经营活动，可能造成企业行为机制的扭曲。政府实行歧视性政策，使不同企业享受不同待遇。政府必须退出"运动场"，不当"运动员"，公正执法不当"黑哨"。

政府的公共行为也应该受到市场规则的约束。有一部分公共产品政府要通过交易的方式从市场取得，或者供给要采取收费的方式。私人厂商也可以进入公共领域。

第四，完善中介组织的市场行为。市场失灵的领域政府替代并不都是有效的，政府管理失败的领域市场替代也不一定有效，这就需要政府和市场外的第三方力量起作用。市场中介组织的职能主要有三个方面：一是降低交易成本和惩罚合约执行中的机会主义行为，其目的是形成良好的合约秩序；二是增进同一方交易者集体利益的集体行动，其目的是争取良好的行业发展秩序；三是拓展中介组织在法律实施中的功能。在价格协调功能中，在业内企业进行价格恶战时，行业组织是极好的协调形式，可以尽快消除恶性价格竞争，促使价格回归市场理性。在标准规范功能中，行业组织可以协调制定行业标准，监督企业执行国家强制标准。在经济审查功能中，行业组织可以就本行业的技术发展状况与经济整体规模，特别是不同经济发展阶段的市场消费需求，向政府提出市场安排、产业规划和建议方案。市场中介组织对企业进行协调，同时也在规范和监督市场秩序。中介组织的基本功能是对交易者进行资格认证，监督欺骗行为，调节交易纠纷等，在一定程度上克服交易者的囚徒困境局面。

第五，强化道德规范建设。市场秩序建设固然可以依靠法制，但是如果非正式的制度安排不解决，所有正式的制度安排都可能走样。首先是干预市场活动的政府也会失灵，其次是针对违约行为的法制安排不可能总是有效。实践证明，在一个缺少道德规范的社会里，法律执行也往往是最困难的。因此，建立市场秩序必须高度重视道德规范等非正式制度的建设，解决好市场秩序的道德基础——诚信问题。

3. 政府对社会化监测机构的监管

（1）监管依据。社会化监测机构目前还处于培育阶段，社会化监测机构的监管目前也还是空白。在《生态环境监测网络建设方案》中提出，环境保护部要制定相关政策和办法，有序推进环境监测服务社会化、制度化、规范化。

（2）监管机构。各类社会环境检测机构在计量认证等方面受质监总局的统一监管。当这些机构提供专业化的环境监测服务时，又受环保、水利等部门的专业监管。目前，这个环节存在三个突出问题：一是环保、水利等专业监管部门与质监总局等综合监管部门在对社会环境检测机构行使监管职能时，出现一些不协调情况；二是专业监管部门缺乏对社会检测机构行使监管权力的法律依据；三是在简政放权背景下，在不允许通过设置行政许可管理社会检测机构时，专业部门尚未健全政府采购环境监测服务的规则体系。

（3）监管方式。对于社会化监测机构的监管方式，应该避免过去一管就死、一放就乱的做法，要做到放管结合、多措并举，在积极培育生态环境监测市场的同时，加强政府在事中事后监管力量的建设，建立规范、有序、健康的生态环境监测市场。

一是加强政府政策引导。逐步开放服务性监测市场，鼓励社会环境监测机构参与排污单位污染源自行监测、污染源自动监测设施运行维护、生态环境损害评估监测、环境影响评价现状监测、清洁生产审核、企事业单位自主调查等环境监测活动。

二是合理利用行政手段。在放开社会化监测机构准入门槛的基础上，加强社会化监测机构能力认定、信用评级等手段的建设，加强事中事后监管机制的建立。加大企业在监测程序不规范、监测数据造假等违法违规行为的惩罚力度。

三是建立规范监测程序。建立标准的监测程序，引导监测企业规范监测过程，重点加强政府对企业监测技术、监测人员、监测设备、监测流程的抽查和审查，从技术方面引导企业建立规范的监测流程。

四是鼓励建立行业自律。大部分国家的社会监测机构都建立了行业协会，鼓励协会开展相关的标准制定、标准培训等业务。依靠协会建立行业自律，有利于监测市场规范发展和建立行业诚信体系。

（4）监管效果。开展社会化监测机构的监管工作，主要是为了建立和维护公平、公正、开放、健康的环境监测市场秩序。对于监管，主要关注的是监测数据质量、监测成本和监测市场成熟度。

监测数据质量是指要社会监测机构开展生态环境监测的数据真实性。监测数据真实性是指监测机构应该保证其所提供的监测数据是真实有效的，在监测样本取样、运输、分析、报告等各环节都是按照标准程序操作，不存在违规操作情况。

监测成本是指能够自觉有效地利用社会化监测机构来降低监测业

务的成本。通过市场充分竞争、购买社会化服务等方式，在政府监测职能和公众监测需求等方面，能够方便有效地选择相对监测服务效果好、监测成本低的社会化监测机构。

监测市场成熟度是指通过培育监测服务市场，让市场自发形成进出市场容易、价格形成市场化、优胜劣汰、资源自由流动的监测服务市场。

（五）技术变动对生态环境监测网络管理体制的影响

1. 催生新的管理制度

环境质量自动监测技术、遥感技术的发展带动了环境质量信息公开、环境质量日报、环境质量监测预警等管理制度的发展；同时，也带来了一系列与自动监测技术相关的各种标准规范、自动监测比对制度的发展。

信息技术的发展为政府监管提供了信息手段。信息技术对系统有兼容和资源共享的依赖性，为了进入市场，就要重视产品在技术标准的兼容性；为了得到规模效益，就要重要资源共享，既要共享别人的资源，又要使自己的资源让别人共享。

利用大数据技术建立生态环境监测信息管理云平台。云平台有独立的管理运行主体，但是云平台运营的参与方可以更加多样化，相关监测机构和政府部门都能参与云平台的建设和分享数据。

2. 建立新的业务机构

随着管理需求的不断产生，近年也陆续产生了一些生态环境监测预警方面的机构。比如，中国环境监测总站设立了预报中心，为公众提供环境空气质量预报信息服务，提供重污染预警信息和短期应急措施建议。一些地方环保局也建立了空气质量预报室。中国气象局也设立了京津冀环境气象中心。除了政府自身建立新的业务机构外，也有不少社会检测机构开始加快进入环境质量监测领域。

3. 形成新的职能配置

以环境空气质量连续自动监测技术为例。全国新环境空气质量标准的实施，促进了PM2.5等在线监测技术的迅速应用。目前，通信技术、软件技术、远程在线技术的发展，为上一级政府加强对下一级政府的监管提供了技术支持，也为不同层级间政府职能的动态优化配置提供了基础。比如，目前国控点位环境空气质量监测事权下放到地方，由地方直接汇总到中国环境监测总站。

随着政府监测工作效率提高，政府可以把一些监测事务交给市场，通过购买社会化服务来完成政府工作，通过信息技术来监督社会化机构的服务质量。政府监测机构更加关注标准制定、技术研发、宏观政策等方面的工作。

4. 产生新的人员结构

近年随着自动监测预警技术、遥感技术的发展，生态环境监测领域的人员知识结构在原有的环境、化学等领域的基础上，增加了自动化、信息管理、大气物理、遥感等新的专业知识结构。这为建立天地一体的现代化生态环境监测预警体系提供了人才保障。

五、统筹建立我国生态环境监测网络体系的若干建议

以提高生态环境监测数据的全面性、科学性、及时性、真实性为目标，明确生态环境监测的功能定位，坚持山水林田湖为一个生命共同体、坚持同一个生态环境要素尽量由同一个部门监测、坚持监测与监管联动，分离生态环境质量监测与生态环境专门监测，分

类推进监测体制改革，逐步理顺各部门、各级政府的监测职能，加快构建覆盖主要生态环境要素的统一、独立、高效的生态环境监测网络体系。

（一）统筹布局一张独立的国控生态环境质量监测网

全国统筹布局一张国控生态环境质量监测网。该网用来支撑国家生态文明建设宏观决策，服务国家资源环境承载能力监测预警、生态文明建设目标评价、责任考核与追究、公众参与等宏观政策的执行与落实。国控生态环境质量监测网主要开展具有宏观性、全局性、区域性、国际性的国家生态环境质量监测、国家重点污染源监督性监测、重点区域和流域生态环境质量监测、跨国界生态环境质量监测，并开展全国生态环境质量的预报预警。

有机整合分散在各部门各地方的生态环境质量监测网。将目前分散在各部门的大气、地表水、饮用水、地下水、近岸海域、土地利用、湿地、草原等生态环境要素的质量监测网络，统一纳入到国控生态环境质量监测网。相应的，各部门在地方的生态环境质量监测网络也一并纳入。按照统一规划、统一技术标准、统一信息发布的要求，在优化调整现有网络的基础上，不断扩大监测网络覆盖范围，提高监测网络密度。

国控生态环境质量监测网为中央事权。国控生态环境质量监测网的建设、运行、管理等均为中央事权，由国家提供足够的资金、人力、设备、技术等保障，鼓励社会资本以多种方式参与国控生态环境质量监测网的建设与运行。从中央到地方，国控生态环境质量监测网采取垂直管理模式，监测数据统一汇交、上传，实现全国联网，且中央要与地方及时共享监测数据。

国控生态环境质量监测网由独立机构管理。国控生态环境质量监测网的管理与运行由一个独立机构承担，既独立于各部门，也独立于地方政府，直接对国务院负责。改变以往各级资源环境部门"既当裁判员、又当运动员"的监测体制弊端，实现监测监督权和执行权分离，确保建立独立、公平、公正、权威的国控生态环境质量监测体系。

（二）协调发展多张并存的生态环境专门监测网

分离生态环境质量监测职能后，需进一步理顺分散在各部门、各级政府的其他大量监测职能。这些职能往往对应特定的管理需求，称为生态环境专门监测职能，对应的监测网即为生态环境专门监测网。

生态环境专门监测网的协调发展有赖于生态文明建设职能的优化调整。按照中共中央、国务院印发的《生态文明体制改革总体方案》，我国生态文明建设职能将做出调整，即整合分散的全民所有自然资源资产所有者职责，健全国家自然资源资产管理体制；整合分散在各部门的自然资源用途管制职责，完善自然资源监管体制；整合分散在各部门的环境保护职责，建立和完善严格监管所有污染物排放的环境保护管理制度。按此思路，作为支撑各类生态文明建设职能的专门监测网络也随之相应整合，从而解决由于职能不顺而造成的监测效率低下和数据质量不高的问题。

明确中央和地方在专门监测职能领域的事权划分。按照各类专门监测领域的专业化要求以及相关部门现有监测体制的基础，坚持事权、财力、责任对等的原则，列出专门监测领域的中央事权、地方事权、中央和地方共同事权的清单，明确中央和地方的不同权责，建立可实施的问责机制。

（三）全面提高政府对生态环境监测市场的监管能力

贯彻落实党中央国务院关于进一步简政放权、放管结合的部署和要求，创新政府监管方式和手段。继续加大政府购买环境监测服务的力度，鼓励社会检测机构进入环境监测领域。增强质检总局等综合监管部门与环境保护部等专业监管部门的监管合力，专业监管部门要在国家层面，加强对生态环境检测机构的资质设定和管理。分类发展环境监测市场。西部地区，加快市场培育，短期内仍需发挥政府环境监测机构的主导作用；东部地区，着力提升政府事中事后监管能力。借机国家事业单位改革，加快促进政府环境监测机构转型发展。完善政府生态文明建设和环境保护的问责机制，确保政府有效履行对社会检测机构的监管职能。

（四）增强生态环境监测大数据体系对生态文明建设的支撑

加快构建生态环境监测大数据体系。制定生态环境监测的"互联网＋"专项规划，促进监测信息的汇交、集成、共享、应用。构建国家生态文明建设管理云平台，开展生态环境监测的大数据分析，提高生态文明建设的信息化支撑。提高监测技术和设备的应用水平。推进云计算、物联网、移动互联网、在线监测技术、遥感监测技术在环境监测领域的推广与应用。支持重点监测设备的研发。建立健全数据信息生产的技术标准与规范，实现各类仪器设备的互联互通、实时接入。

（五）加快生态环境监测相关规章的修订工作

加快推进生态环境监测相关规章的"立改废"进程，全面修订各相关部门已有的监测条例和部门规章。明确新形势下生态环境监测网络的功能定位，确立国控生态环境质量监测网络在国家生态文明建设评价与考核中的法律地位，规范国控生态环境质量监测网的管理。依据生态文明体制改革的推进思路，择机理顺各类生态环境专门监测职能，协调发展多张生态环境专门监测网。制定政府采购生态环境监测服务的管理办法。建立信息公开共享的长效机制。

执笔人：王海芹　程会强　高世楫

参考文献

［1］中国科学院可持续发展战略研究组. 2015 年中国可持续发展报告——重塑生态环境治理体系. 北京：科学出版社，2015

［2］国家统计局，环境保护部. 中国环境统计年鉴（2000～2014 年）. 北京：中国统计出版社，2015

［3］国家水利部. 中国水利统计年鉴（2000～2014 年）. 北京：中国水利水电出版社，2015

［4］国土资源部. 中国国土资源统计年鉴（2000～2014 年）. 北京：地质出版社，2015

［5］王海芹，程会强. 深化环境空气质量监测体制改革，适应我国大气污染防治新要求. 国务院发展研究中心调查研究报告择要［2014 年第 163 号（总 2360 号）］. 2014 - 10 - 31

中新天津生态城的实践与思考

　　中新天津生态城是中新两国政府应对全球气候变化、节约资源能源、加强环境保护、建设和谐社会的重要合作项目，要实现"人与人和谐共存、人与经济活动和谐共存、人与环境和谐共存"，建设方式要"能实行、能推广、能复制"。为此，天津生态城以科学发展观为指导，置身于经济全球化发展的大背景，着眼于国家发展战略的大格局，认真研究生态城发展建设的理念和方法，立足于资源约束条件下的基本国情，在社会主义市场经济体制下，努力构建新型的资源利用体系和生态产业体系，创建人与环境和谐共生的生态人居环境，加强生态文化建设和体制机制创新，探索城市可持续发展建设的新模式。

　　现代城市为人类社会创造了巨大的物质财富，但同时消耗了世界70%的能源、产生了75%的垃圾、约80%的CO_2和90%的COD，导致了全球气候变化，土地资源、水资源和能源短缺，环境恶化等一系列问题。城市可持续发展已经成为当今世界普遍关注的重要课题，1971年，联合国教科文组织在"人与生物圈计划"的研究过程中，首次提出生态城的概念。世界各国纷纷开展了建设生态城市的研究与探索。

　　进入新世纪新阶段，中国正处在全面建设小康社会和社会主义和谐社会的关键时期，为了实现经济、社会、人口、资源与环境的协调发展，党中央明确提出了以人为本，全面、协调、可持续的科学发展观，党的十八大进一步提出了转变发展方式，建设生态文明的新要求。天津生态城的建设，充分显示了中国政府应对全球气候变化、节约资源能源、加强环境保护、建设和谐社会的决心。

　　天津生态城作为中国和新加坡两国政府间的重要合作项目，要体现资源约束条件下生态城建设的示范意义，实现人与人和谐共存、人与经济活动和谐共存、人与环境和谐共存，建设方式要能实行、能推广、能复制，成为"中国城市可持续发展的样板"。2007 年 11 月 18 日，温家宝总理与李显龙总理签署了合作建设生态城的框架协议。2008 年 9 月 28 日，温家宝总理和吴作栋资政为生态城起步区的建设进行了开工奠基，充分说明两国政府对生态城项目的高度重视，并寄予了厚望。

　　为了落实两国政府的要求，天津生态城以科学发展观为指导，置身于经济全球化发展的大背景，着眼于国家发展战略的大格局，认真研究生态城发展建设的理念和方法，立足于资源约束条件下的基本国情，努力构建新型的资源利用体系和生态产业体系，创建人与环境和谐共生的生态环境和人居环境，加强生态文化建设和体制机制创新，积极探索社会主义市场经济体制下城市可持续发展建设的新模式，努力建设"经济蓬勃、社会和谐、资源节约、环境友好"的示范新城。

一、转变发展方式，构建集约永续的资源利用体系

　　资源利用是支撑城市发展建设的重要载体。我国是一个世界上人

口最多的发展中国家，淡水、耕地和石油的人均占有量分别为世界人均水平的四分之一、五分之二和十分之一，人口与资源条件已成为制约工业化、城镇化发展的瓶颈。只有彻底转变城市发展方式与资源利用方式，才能实现城市可持续发展。探索约束条件下的城市资源利用体系和资源节约型、环境友好型的发展模式，是生态城建设的核心内容。

（一）节约集约土地资源，建设紧凑型城市

土地是城市的发展载体。中国正处在快速城市化阶段，人地矛盾十分突出。我国的土地资源相对匮乏，"占世界7%的耕地养活了占世界22%的人口"，18亿亩耕地红线不能破。据国土资源部门统计，目前我国城乡建设用地约24万平方公里，城市人均建设用地已达130多平方米，远远高于发达国家人均82.4平方米和发展中国家人均83.3平方米的水平。由此可见，传统的土地利用方式必须改变，才能妥善解决城市发展与保护耕地的关系。加强土地的节约集约利用，是实现城市发展方式转变的关键环节，也是生态城建设的首要原则。

天津生态城选址于天津滨海新区的盐碱荒滩，不占耕地。现状用地三分之一为废弃的盐田，三分之一为有污染的水面，三分之一为盐碱荒地（详见图1）。土地盐渍化，水质污染、淡水缺乏。在这样一个条件较差的地区建设生态新城，虽然不同于常规的城市选址思路，但符合"十分珍惜、合理利用土地和切实保护耕地"的基本国策，是资源约束条件下解决城市用地问题的一次全新的尝试。同时，通过生态城的建设，对现有的污染进行治理，实现生态保护和修复，充分体现了资源约束条件下生态城建设的示范意义，也体现了滨海新区转变方式、科学发展的基本理念。

图1　生态城现状用地

在土地利用上，生态城采取紧凑式用地布局，实现人口集聚、土地资源的集约高效使用。一是科学确定人口规模。通过对土地资源、水资源和生态环境容量等资源承载力进行评估，分析城市的人口容量。综合考虑经济发展水平、就业确定生态城常住人口规模应控制在35万人。人均建设用地为85.7平方米，与国外城市平均水平持平。二是基于生态城30平方公里的生态和用地条件，通过适宜性评价，划定禁止建设用地范围、控制建设用地范围，作为生态保育区，形成"一岛三水六廊，一轴三心四片"的城市空间格局（详见图2）。三是通过合理规划，形成功能混用的用地布局，使职住场所聚集；优先发展公共交通，结合公交站点集中布置各类服务设施；合理提高土地使用强度，沿交通主轴集中高密度的开发，逐步向两侧降低（详见图3），创造有序的空间景观。

（二）合理配置水资源，建设节水型城市

水是城市的生命线。近年来，由于全球气候变暖的影响，我国水资源条件发生明显变化。北方地区水资源量明显减少，其中以黄河、淮河、海河和辽河地区最为显著，资源总量减少了12%。生态城立足

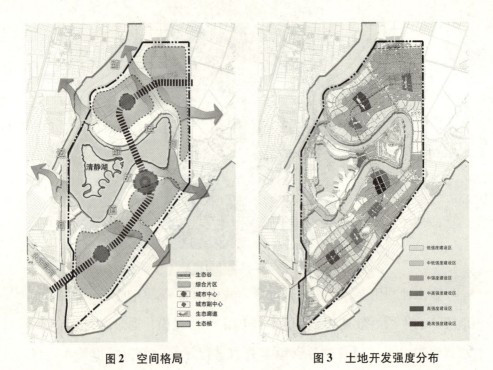

图2　空间格局　　　　　　　图3　土地开发强度分布

于区域水资源缺乏的现状，借鉴新加坡的经验，力求解决城市发展的用水保障问题。

通过比较国内外有关城市的情况，分析不同经济条件下城市生产生活的用水需求，按照节水的原则，确定生态城的人均用水标准。到2020年，生态城人均生活用水指标控制在120升/人·日以内，比新加坡现状人均水平降低20%（图4）。同时，通过采用各种措施实施节水，加强污水再生利用、雨水收集和海水淡化，多渠道开发非传统水资源，非传统水源使用率要达到50%，通过水资源的优化配置，满足城市的用水需求。

在节水方面，要提高供水管网建设水平，管网漏失率控制在10%以内；普遍推行节水器具，实现生活节水；通过选取耐旱的绿化品种，采用滴灌等技术，实现绿化灌溉节水；建立产业准入标准，严格限制高耗水产业，实现产业节水。

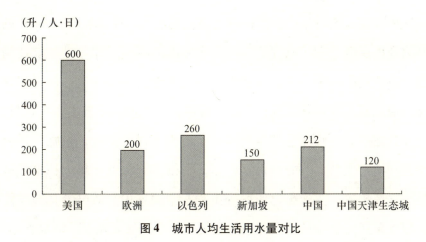

图4　城市人均生活用水量对比

加强水资源的循环利用。加强排水管网建设，管道普及率达到100％，建设营城污水处理厂和再生水厂，对生态城及周边工业污水要全部实现处理达标，再生利用，分质用于河道水系景观补水、生活杂用、产业用水和绿化市政用水。加强雨水的收集与综合利用，采用渗水路面，利用雨水涵养地表水源，起到排盐降碱的作用；结合建筑、绿化和沿河湿地建设雨水收集净化设施，作为绿化用水和景观补充用水。

（三）优化能源利用结构，建设节能型城市

能源是城市发展的动力。大量使用化石燃料是造成环境污染和气候变化的主要原因之一。作为应对全球气候变化的国家级项目，生态城要贯彻"开发与节约并举，把节约放在首位"的方针，正确处理好能源开发利用与环境保护和气候变化的关系，大力推行节能减排，提高能源使用效率，积极探索可再生能源的开发利用，发挥能源节约和优化能源结构在减缓气候变化中的作用，促进能源与环境协调发展。

首先，通过建立节能型的产业体系、实施节能工程，降低生态城的综合能耗。在产业节能上，以转变经济发展方式为目标，发展低碳

经济，积极推行清洁生产，严格限制高耗能产业，生态城单位 GDP 的碳排放强度要低于 150 吨/百万美元，达到国际领先水平。建筑能耗约占社会总能耗的一半，生态城要大力发展节能省地型建筑，加强建筑节能。通过实施绿色建筑设计和施工标准，广泛使用新技术、新材料，使全部新建建筑达到绿色建筑要求。积极发展绿色交通，鼓励使用公共交通和清洁燃料、节能环保型汽车，严格实施机动车排放标准，减少温室气体排放。实施绿色照明等工程，全面采用高效电器，减少能耗。积极采用热电冷三联供和余热利用等技术，加大能源的梯级利用、综合利用，提高能源利用效率。到 2020 年，生态城人均能耗比国内城市人均水平要降低 20% 以上。

其次，积极开发应用可再生能源，优化能源结构。加快建设垃圾燃烧发电和风力发电项目，积极开发太阳能热水、回收利用海水淡化余热，利用现有水面和污水处理设施建设水源热泵，合理利用地能，为生态城提供热水和供热。鼓励建设项目因地制宜地开发光电和风光互补发电上网、并网，提高新能源技术集成利用水平。到 2020 年，生态城的可再生能源利用率要达到 20%，高于 15% 的全国标准，达到世界先进国家的同期水平。其余要全部采用燃气、电力等清洁能源，形成可再生能源与常规清洁能源相互衔接、相互补充的能源供应模式，构建清洁、安全、高效、可持续的能源供应系统和服务体系。

二、坚持结构调整，构建循环低碳的生态产业体系

产业是支撑城市职能的重要基础，对于增加就业和提升城市综合实力具有重要作用。在经济全球化发展的背景下，产业随着资本、技

术和市场等要素在世界范围内的流动而转移。只有积极参与国际经济分工，形成自身的产业优势，才能在世界城市格局中占据有利位置。改革开放三十多年来，我国很多城市积极参与国际竞争与合作，产业发展的方式、层次不断拓展和提升。但从美国金融危机对世界经济影响的情况分析，一些城市的产业仍以出口加工为主，外贸依存度过高，受国际经济环境影响较大；自主创新能力不强，产业层次较低，粗放型增长方式尚未根本改变。面对工业化、信息化、城镇化、市场化、国际化深入发展的新形势，对照以人为本、全面协调可持续发展的新要求，调整产业结构，转变发展方式，是生态城产业发展的主要任务。

（一）坚持转变发展方式，构筑高层次的产业结构

天津滨海新区是国家综合配套改革试验区，要与经济特区、上海浦东新区一起发挥对区域协调发展的辐射服务和带动作用。胡锦涛同志指出"滨海新区要成为科学发展的排头兵"。生态城则是滨海新区落实科学发展的重要示范项目。目前，滨海新区已形成了航天、航空等现代装备制造、港口物流、石油化工、高新技术、金融商贸、休闲旅游等各具特色的产业集群。生态城应坚持走中国特色新兴工业化道路，与周边地区优势互补，错位发展；探索"减量化、再利用、再循环"的资源利用模式，发展循环经济，生态经济；大力发展生态环保产业，构筑高端、高质、高新的产业结构，建设成为中国生态环保技术自主创新的平台和教育培训中心、生态型产业基地、国际化的生态环境交流展示窗口和生态宜居的示范新城。

（二）坚持扩大内需的方针，建设可持续的产业体系

据美国商务部分析预计，新世纪环保产业的全球市场份额将超过

5000亿美元。随着我国生态文明建设的不断深入发展，生态环保产业的需求也将逐步扩大。鉴于现状条件和发展目标的要求，生态城发展建设对节能减排、污染治理和生态修复等专业技术、产品和服务的需求十分广泛。将生态环保产业作为生态城的主导发展方向，不仅解决自身建设对技术和产品需求，同时建设过程也为培育产业发展提供了有利时机，通过生态城建设的推广、复制，逐步扩大产业规模，促进产业的快速发展，延伸产业链，形成产业集群，带动区域发展。一是大力发展绿色建筑产业。随着生态城绿色建筑和绿色施工标准的实施，对墙体、门窗、屋顶、地面等建筑物基本组成部分的节能要求更高，同时对材料设备、建筑构造、施工安装等方面也提出了新的要求。因此，生态城将绿色建筑产业作为重点发展方向之一，积极推进绿色建筑的标准化、工业化，打造绿色建筑的产业化基地。二是大力发展节能和新能源产业，开发保温材料、密封材料、保温管道、节能设备、自动调控设备以及节能交通工具等节能产品；促进太阳能、风能和生物质能等新能源和节能技术向产业化、规模化发展，完善可再生能源产业体系。结合商务工业园建设，打造生态环保产业化基地。三是大力发展现代服务业。积极发展金融服务体系，发展服务外包，文化创意产业，为生态环保产业发展提供配套服务；积极发展会展旅游业，成为生态景观和生态科技成果展示的旅游目的地；发展信息产业，建设信息化服务平台，发展现代物流业，建立新型的国际技术和经贸合作机制，构建国际一流的现代服务业体系。

（三）坚持自主创新，推进生态城可持续发展能力建设

建设生态环保大学和重点实验室，依托高校和科研院所建立产学研合作的创新模式，通过引进吸收和创新转化，积极研发减缓和适应

气候变化领域的重大技术，构建创新策源地；培育科技创新体系，建立健全技术标准规范和认证体系，为创新提供配套齐全的软硬件服务，建设技术和产品的交易市场，保护知识产权，规范交易行为，打造生态环保技术的交易平台；发挥政府的调控作用和市场的引导作用，完善鼓励技术创新和科技成果产业化的市场环境和机制，增强高新技术推广转化能力，提高产业化水平。实现产业结构由依靠资源消耗向依靠科技进步转变，由"制造业为主模式"向"研发—销售为主模式"转变，构建国际化的生态环保产业的总部基地。

三、坚持生态优先，构建安全健康的生态环境体系

生态环境是人类生存的重要基础。气候变化和环境退化已不仅影响人类生活环境，而且也将影响世界经济发展和社会进步。坚持生态优先的原则，充分尊重自然本底，保护和改善生态环境，建立人工环境和自然环境融合的生态格局，实现人与环境和谐共存，是生态城开发建设的基本要求。

生态城西临蓟运河，南接永定新河入海口，是京津冀北部山地生态保护区与渤海湾联系的海陆生态走廊上的重要节点，也是候鸟迁徙的通道，永定新河则是区域重要的泄洪通道之一，在区域的生态环境和安全方面占据重要位置（详见图5）。生态城着眼于区域的生态安全和生态平衡，结合自然本底条件，首先划定了5平方公里的用地，作为生态保育区及候鸟栖息地。对蓟运河沿岸和永定河口湿地进行全面保留；对蓟运河故道及两岸自然湿地实施严格保护，确保自然湿地净损失为零。同时，按照50年一遇防洪标准和100年一遇防海潮标准，采用自然生态岸线的形式，建设蓟运河堤岸与永定新河入海口防波

图5　区域生态环境

堤，保障城市安全。

　　加强生态环境的改善与修复。蓟运河故道现状富氧化严重，水质为劣五类，污水库原为周边工业排放废水的地方，存在重金属污染。治理"三水一泥"是生态城建设环境改善的重要基础。一是通过区域协作治理蓟运河污染，加强对流域污染物排放控制和监管，确保水质达标；采取适用技术，分别对蓟运河故道和污水库的水体进行处理，使生态城地表水水质达到国家Ⅳ类环境水体标准。二是通过采用切实可行的技术方法，对污水库受污染的淤泥进行无害化处理，资源化利用，变污水库为清净湖。三是加强污水排放控制，营城污水处理厂的出水水质必须达到一级A标准，经人工湿地净化后，用于河湖景观补水，以保障生态城水体环境健康、安全。

　　针对生态城土壤盐渍化严重的现状，采用先进适用的技术，对盐碱土地进行排盐降碱，逐步降低土壤盐碱度，改良修复土壤。结合河道海口的清淤工程，对盐田进行填垫，通过合理确定场地标高以及采取工程措施，实现区内工程用土平衡，减少对周边土地的影响和破坏。

加强生态格局建设。将蓟运河故道围合的区域，作为生态城的绿色核心，建设生态岛；将蓟运河故道、清净湖和蓟运河水系进行联通，加强水体循环，提高自然净化功能；通过建设六条生态廊道，串联生态城内河道、湿地和绿化系统，与渤海和周边水系联通，增强对城市气候的调节和改善作用，形成与区域相融合的生态体系。

在此基础上，结合生态谷、生态岛、生态廊道和公园绿地加大绿化建设，使居民由生态社区任意一点出发，步行200米可达街旁绿地，500米可达社区公园，3000米以内可达大型公园。因地制宜推广阳台、屋顶、墙面等垂直绿化，多渠道拓展城市绿化空间，创造丰富的城市绿化景观。结合环境景观建设和节水要求，选择本地适生的耐盐碱、耐旱、病虫害少、抗性强以及环境净化特征明显的先锋性乔木、花灌木和地被植物，本地植物指数不低于0.7。规划绿地系统建成后，除满足城市景观、休憩以及隔音降噪等功能外，每年可产生氧气9886吨，吸收二氧化碳2.6万吨，吸收二氧化硫48吨，滞尘量8980吨，调温效益195.3万元，结合各项生态环保管理措施的实施，可以大大提高生态城的环境质量水平。

四、坚持以人为本，构建宜居友好的人居环境体系

城市作为一种人居环境，首先要满足居民的物质文化生活需求。体现以人为本的要求，创造良好的居住环境，提供充足的就业机会和各类城市服务，建设适宜不同收入群体和境内外人员安居乐业、充满活力的国际化和谐新城，是生态城建设的根本目标。

在住房建设方面，根据生态城经济发展、人口和收入结构、结合产业和人口导入等目标，合理确定住房结构，引导科学、理性的住房

建设和消费模式，形成多层次、多元化的住房供应体系，满足不同人群对住房的需求，实现居者有其屋。借鉴新加坡的经验，建设20%的"公屋"，解决低收入群体的住房需求；大量建设面向"中产阶级"的普通商品房；适量建设高档住房，满足区域内高管人员和国际人士的需求。到2020年，人均居住建筑面积将达到35平方米。在住区建设方面，生态城建立以生态社区为单位的新型住区模式，居住人口约2万人，社区内混合布置不同类型的住房，促进不同群体的交融，构建平等融合的社区。每个生态社区由4～5个居住细胞组成。4～5个社区与商业中心和产业用地共同构成城市综合功能片区，就近满足居民的生活服务和就业需求（详见图6）。

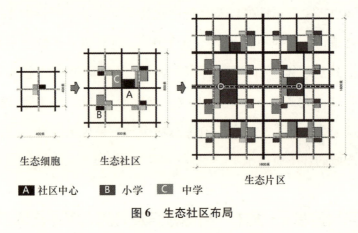

生态细胞　　　　生态社区

生态片区

A 社区中心　　B 小学　　C 中学

图6　生态社区布局

在公共设施建设方面。按照均衡布局、分级配置、平等共享的原则，建设社区中心，安排社区管理服务、社区医疗、文体以及菜市场等基本的商业服务等设施，并按照人口规模配建学校。借鉴新加坡经验，将生态大学的体育场馆对公众开放，有条件推进中、小学体育设施社会化，为全民健身提供保证。居民在500米范围内获得各类日常服务，实现公共设施的均等化配置和平等共享。建设一个城市主中心、两个次中心，为生态城及其周边地区提供商务商业服务。建设青坨子特色中心，成为集特色商业、餐饮、旅游、文化创意等活动为一体的综合文化功能区。构建全方位、多层次、功能完善、特色鲜明、符合国际化标准的公共服务体系。

沿蓟运河及蓟运河故道建设自然、宜人的滨水空间，开发水上休闲运动。结合津滨轻轨延长线两侧建设开敞空间，形成"生态谷"，作为集生活交通、生态景观、生命线防灾避难等综合功能于一体的城市主轴，串联生态岛、生态廊道，滨水空间、城市广场、公园及慢行系统为居民提供多样化的户外空间和休闲场所。

在交通方面。生态城距离北京150公里，距天津中心城区50公里，距滨海新区核心区约15公里。周边现有港口、机场、京津城际客站和规划的京秦城际铁路车站，通过京港、环渤海高速公路和轨道交通以及快速路系统形成了便捷的对外交通网络。生态城要建设以公交系统和步行、自行车等慢行系统为主导的绿色交通模式。建设津滨轻轨延长线，为居民提供对外交通服务，建设清洁能源公共交通，与轻轨站点接驳，形成覆盖全城的安全、便捷、舒适的公交网络。结合绿化景观建设，创造安全、舒适的慢行空间环境，实施人车友好分离，形成贯穿全城的慢行交通网络，并建设无障碍系统。通过合理安排城市用地布局，使居住靠近工作岗位和服务设施，结合公共交通站点建设城市公共设施，使居民在适宜的步行范围内解决生活基本需求，减少对小汽车的依赖。建设智能交通系统，加强交通管理，提高道路交通运行能力。2020年，生态城内部出行中绿色交通方式不低于90%。

在市政设施建设方面。生态城的自来水水质要达到国家和世界卫生组织的饮用水标准。鼓励绿色消费方式、生活方式，从源头控制实现垃圾减量化，生态城人均垃圾产生量控制在0.8千克/人·日，实施垃圾分类收集，实现无害化处理和资源化利用。要加强城市防灾设施建设，加强消防、卫生防疫、避难场所、人防等公共安全设施建设。各类项目必须严格执行有关规定，生命线工程及学校建筑要重点设防。建设数字生态城，建立覆盖全城的数字化网络系统，搭建以社区为基本单元的网格化数据系统平台，以城市规划建设和土地利用的空间数据为基础，整合人口、经济、社会和生态环境数据，对城市安全、交通和市政设施等城市部件、事件、实施全时制、全方位、全过程的监测、处理和反馈，推行电子政务、电子商务和电子社区服务，提高城市管理和服务水平。

五、坚持先进方向，构建和谐文明的生态文化体系

文化是民族凝聚力和创造力的重要源泉。生态文明是继原始文明、农业文明和工业文明后人类社会发展的必然选择。生态城旨在建立与生态文明相适应的生产方式、生活方式和消费方式。在生态城的建设过程中，不仅需要生态理念和生态技术，同时还要树立以生态为核心的思想意识和价值取向，以此规范社会行为。这就需要不断加强生态文化体系建设，为生态城的建设提供重要保证。

生态文化是建设生态文明的重要体现，是社会主义先进文化的重要组成部分。建设生态文化，首先必须建立以生态为核心的价值观，作为社会主义核心价值体系中的重要内容。要继承和弘扬我国"天人合一""和为贵"的传统思想文化精华，与可持续发展理念相融合，以追求人与自然、人与人、人与社会，人与经济和谐共生为目标，尊重自然、保护环境、珍惜资源、崇尚节约、公平正义、诚信友爱，形成具有民族特色、时代特征和生态特点的思想观念，构建和谐、生态、

文明、先进的价值体系。

　　培育全社会树立生态价值观，作为实践科学发展观的具体内容，使之逐步成为全社会自觉奉行的道德规范和行为准则。加强法律法规、社会公德、职业道德、家庭美德、个人品德建设，增强生态环境保护的责任感和使命感，自觉履行法定责任、社会义务。建立以生态为重点的决策管理考核标准和机制，倡导绿色的生产、生活方式，鼓励绿色消费、出行等行为，提高企业和市民保护生态环境的自觉性、主动性和创造性，不断扩大环境保护志愿者队伍，鼓励开展保护环境的公益事业，形成全社会环保的氛围。

　　推进文化创新，建设文化设施，促进生态文化发展。中华文化历来包含鼓励创新的丰富内涵。要营造鼓励创新、宽容失败的社会环境，进一步加强生态建设和应对气候变化的基础研究和理论研究，推进学术观点、科研方法创新，为生态文化的繁荣发展创造良好的氛围。公共文化设施是弘扬生态文化的载体，建设文化中心、图书馆、展览馆、生态植物园等设施，结合生态监测站、污水处理厂等设施，建设生态环保科普展示教育基地；通过多种渠道，采取多种形式，普及推广生态保护知识，引领社会风尚；加快构建传输快捷、覆盖广泛的文化传播体系，为生态文化事业发展提供思想和物质保证，形成生态文化的传播中心。

　　把生态文化教育纳入国民教育全过程，加强人才培养。积极加快生态环保大学建设，发展高等职业教育，培养专业技术人员，为生态城的建设提供智力支撑和人才保证，努力造就世界一流的科学家和科技领军人才，形成生态环保教育中心和职业教育培训基地。加强国际科技合作，建设国际生态论坛，使生态城成为国际化的生态环保理念与技术的交流中心，推动优秀成果和优秀人才走向世界，积极扩大国际影响，成为引领世界可持续发展的旗舰项目。

实施重大项目带动战略，积极发展文化产业。积极发展以生态文化、历史文化和地域文化为主体的旅游、文化创意产业，运用高新技术创新文化生产方式，发展传媒、出版、动漫等文化业态，形成文化产业基地和区域性特色文化产业群。

积极打造城市特色。在生态城建设中要充分体现生态的理念、和谐公平的原则，充分保护和利用自然环境和历史肌理，积极挖掘蓟运河的文化内涵，积极保护历史遗迹，保护自然景观，创造风格各异的滨水景观；传承地域文化和历史文脉、民间艺术等非物质文化，建立体现生态文化特征的地名及标识系统；建筑、公共场所和城市家具等设施的设计建造，要突出自然、历史和地域以及现代科技特色，形成和谐统一的城市景观和清新亮丽的色彩风格，塑造生态特征的城市形象。

六、坚持改革创新，构建公平高效的运营保障体系

在资源环境约束条件下建设生态城是一项开创性的系统工程，要实现这一目标，必须不断改革创新，加强体制机制建设，建立公平高效的城市管理运营的保障体系。

（一）在中新两国政府领导下，建立政企分开的运作模式

在生态城的建设中，中新双方将在城市规划、环境保护、资源节约、循环经济、生态建设、可再生能源利用、中水回用、可持续发展以及促进社会和谐等方面进行全面合作，建立中新双方共同促进产业

发展的有效机制。为支持和加强对天津生态城建设的指导，在中新两国政府成立副总理级别的中新天津生态城联合协调理事会，负责协调生态城开发建设相关的所有重大事项；由中国住房和城乡建设部与新加坡发展部牵头，两国有关部委参加组成中新联合工作委员会，具体研究解决生态城开发建设中的相关问题。

按照政企分开、市场化运作的要求，天津市政府成立天津生态城管理委员会，代表市政府行使相关行政管理职能。在符合中国《宪法》和有关法律法规的框架内，利用滨海新区综合配套改革试验的政策优势，充分借鉴新加坡"亲民、亲商"的理念以及在公共行政体制和运行机制等方面的经验，根据实际需要，有选择地先行先试。中方成立生态城投资公司，负责土地整理、生态环境建设和公益性公共设施建设，并与新方企业成立合资公司；生态城投资公司与合资公司分别负责相关市政基础设施建设，合资公司负责商业化项目和产业建设与招商。

为了统筹生态城经济社会发展、生态环境保护和城市建设，天津市政府已批复了生态城总体规划，确立生态城的职能定位、发展目标、建设要求。按照国际化标准，结合地域资源、环境特点，制定了中新天津生态城指标体系，围绕生态经济、生态环境、社会和谐和区域协调等方面，重点确定了26项指标，作为管理生态城发展建设的量化标准，为城市可持续发展提供科学依据。力争在3~5年内完成生态城起步区建设，用15年左右的时间使生态城初具规模。

（二）探索行政体制改革，提升政府管理和公共服务能力

1. 创新决策监管机制

按照科学化、民主化目标完善综合决策机制，切实确保公众市民

参与重大项目建设、发展规划和政策制定的权利，建立合理有效的公众参与决策机制。按照大部门体制探索行政部门建设，规范行政行为，简化行政审批，提高行政效率。逐步建立覆盖全社会的实施评价体系，严格执行涉及重要资源开发项目的环境影响评价；探索建立把资源和环境成本纳入 GDP 核算体系，建立相应的核算标准和考核机制，推进国民经济和社会发展与生态环境评价报告制度建设。建立信息公开制度、社会和媒体监督制度，建立健全实施监管机制。

2. 创新社区管理服务机制，强化公共服务和保障的职能

以社区为单位建立政府主导、居民参与的基层管理机构——社区委员会，使居民依法直接参与管理基层公共事务和公益事业，实行自我管理、自我服务、自我教育、自我监督，实现政府行政管理与基层群众自治有效衔接和良性互动。把社区建设成管理有序、服务完善、文明祥和的社会生活共同体。积极培育生态产业的发展，提供就业渠道；维护社会公平，关注弱势群体，完善基本养老、医疗保险制度、失业保险、最低生活救助等保障机制，建立健全社会保障体系。

3. 建立完善的城市安全应急管理体系，保障安全管理

坚持预防为主，针对地震、海潮、洪涝等灾害及其次生灾害，建立防灾救灾机制。加强社会治安、生产安全防控，加强人民调解工作，及时化解社会矛盾，减少事故案件发生率。加强突发公共事件等应急处理、救援和安全保障体系建设，维护安定团结的社会局面。

4. 积极探索跨区域的协作机制

以区域大气、流域海域水环境、区域生态、能源供应、固体废物处理处置为重点，加强跨区域生态保护、污染控制与治理。积极参与区域经济协作，促进区域产业联动发展，形成信息互通、设施相连、环境共建、产业互动、成果共享的合作模式，全方位推动区域合作与可持续发展。

（三）探索市场化运行机制，完善法规保障体系

1. 加快市场体系建设

充分发挥市场机制在生产要素资源配置中的积极作用，加快生态环保产业体系构建。推进生态城建设社会化、市场化、产业化进程。建立有效的市场监管体系，构建公平竞争、开放有序、健康有序的市场体系。通过授予企业特许经营权和延长项目经营期限等政策以及采取 BOT、DBO 等市场化的手段，推进能源、市政、环保和环卫设施建设及运营的市场化运作，提供社会化专业化服务。

2. 建立多元化投融资机制

加大财政投入，按照"不予不取，自我发展"的原则，市政府返还地税，生态城管委会确立专项财政资金，切实保证生态环境保护与建设的投入；利用滨海新区综合配套改革试验的政策优势，建立与生态产业发展相适应的投融资体制，积极支持企业发行债券和上市融资；通过生态申请国家专项资金、拓宽利用外资领域，探索实行排放权交易、建立区域环境补偿机制，鼓励各类投资主体参与生态城项目建设，进一步拓展生态建设的资金来源。

3. 完善法规政策体系

按照两国政府的协议，生态城的各项建设活动都应符合中国《宪法》和法律法规的规定。为此，必须完善生态城的法律和政策，形成覆盖开发建设和管理等各个方面、相互衔接的法规政策体系，将生态城建设纳入法制轨道。目前，天津市政府已颁布了生态城管理规定，为依法建设生态城提供了法律依据。生态城绿色建筑、绿色施工管理

规定和相关技术标准正在制定。针对生态产业体系的建立，正在研究产业准入机制、清洁生产标准和节能减排要求；围绕鼓励技术创新和科技成果产业化、生态环境保护、加强社会保障制度的建设与和谐社会构建等方面，将逐步完善法制保障、政策体系、激励机制，为生态城的建设发展提供强有力的法律保证。

4. 建立内部良好的发展机制

这是一项长期的工作，涉及政府管理、金融运行与市场化运作等多个领域。前期将主要围绕两个方面开展工作，一是营造低成本的政策环境，为企业创造良好的投资条件。结合滨海新区与生态城独特的政策优势，进一步完善招商引资、吸引优秀人才的政策，尽量降低投资者的综合成本，为企业投资与人才引进创造良好条件。二是营造高效率的行政环境，大力提高行政效率。规范行政行为，实行一个窗口审批，减少审批环节，"规范一条龙"服务。作为生态城发展的一项重要保障，我们将在生态城建设过程中不断更新理念，创新机制，提升公共服务能力，完善基础设施建设，拓展优质服务内容，构建利于城市健康和谐发展的新机制，为经济社会发展创造良好的发展环境。

执笔人：牛　雄

参考文献

[1] 吴良镛. 人居环境科学导论. 北京：中国建筑工业出版社，2006

[2] 帕罗海墨. 欧洲的未来. 南京：东南大学出版社，2005

[3] 潘岳主编. 绿色中国文集. 北京：中国环境科学出版社，2006

[4] 吕晓惠译. 生态城市 60 个优秀案例. 北京：中国电力出版社，2007

[5] 中国应对气候变化国家方案

[6] 国务院新闻办公室. 中国的能源状况与政策，2007 – 12

［7］齐兰．经济全球化对我国主要行业市场结构的影响．经济与管理研究，2005（1）

［8］段霞．世界城市的基本格局与发展战略．城市问题，2002（7）

［9］城市人口规模与容量的理论思考．北京社会科学，2000（1）

［10］董慧凝等．论资源制约及资源导向的循环经济，中国财经网，2007－11

［11］陈寿朋．略论生态文明建设．人民日报，2008－1

［12］王亚南．和谐社会构建中的文化战略，光明日报，2007－8

案例分析二

吴江新型城镇化与生态文明融合发展
经验与启示

新型城镇化是生态文明建设的重要载体，生态文明是新型城镇化建设的重要导向。党的十八大把生态文明建设纳入中国特色社会主义事业总体布局。当前乃至未来相当长的时期内，新型城镇化是我国现代化建设进程中的重大任务。如何实现两者融合发展，成为当前摆在我国面前的重要难题。进入新世纪特别是近几年，苏州市吴江区把握新机遇，适应新常态，通过生态文明建设，优化空间格局、调整产业结构、转变消费方式，促进城镇化健康发展；通过推进城镇化，把生态文明理念和原则融入全过程，走集约、智能、绿色、低碳的新型城镇化道路，逐步形成了新型城镇化与生态文明融合发展的"吴江模式"，可持续发展能力、内生动力和体制机制活力显著增强，"乐居吴江"成为"天堂苏杭"又一个新亮点。

一、吴江新型城镇化与生态文明融合发展的主要成效

吴江是著名历史古镇，建县历史可以追溯到两千多年前的后梁开

平年间。长期农耕时代留下的农耕文明是"苏天堂"文化精华的来源。1992 年，吴江抓住邓小平同志南方讲话带来的机遇撤县建市，大力发展乡镇企业、民营经济和开放型经济，推动工业化和城镇化互动并进，成为全省乃至全国近二十多年工业文明发展的排头兵。2012 年以来，吴江紧紧抓住党的十八大带来的机遇，撤市设区，全面融入苏州，深度接轨上海，推动新型城镇化与生态文明融合发展，开创了生态文明建设新时代。

（一）综合实力稳步持续提升

2015 年全区地区生产总值为 1540 亿元，"十二五"期间年平均增长 8.95%；2015 年工业总产值达到 3809 亿元，比"十一五"末增长 1.23 倍；地方公共财政预算收入达到 147.4 亿元，比"十一五"末增长 1.63 倍。五年累计完成全社会固定资产投资 3388 亿元，实际利用外资 51.7 亿美元，完成进出口总额 1125.2 亿美元。服务业增加值占比从 37% 提升到 44.8%。吴江经济技术开发区跃升为国家级开发区，成功获批国家级综合保税区，盛泽镇加快推进江苏吴江高新技术产业园区建设。省级汾湖高新区、东太湖生态旅游度假区成功获批。企业进一步做强，入选中国企业 500 强 4 家，入选中国民企 500 强 6 家。吴江已经连续多年跻身全国县域经济基本竞争力百强县（市）前十强，已成为以传统的丝绸纺织产业与新兴的电子信息、光电缆、装备制造等产业为主的经济发达地区。

（二）空间格局日益优化

全面推进"一核四片"空间战略部署，太湖新城集聚效应逐步凸显，四大片区建设有效推进。太湖新城成为吴江政治、经济、文化和服务核心区，基本公共服务设施日趋完善，人才、资金、技术、信息等生产要素的集聚效应逐步显现。沿湖片区稳步推进绿色低碳发展，观光农业、休闲旅游、餐饮娱乐、生态养生、度假养老及其配套服务业稳步发展；沿浙片区以盛泽为龙头，纺织产业进一步壮大，东方丝绸市场年交易量突破1000亿元，民营经济活力显著增强；沿沪片区积极接轨上海，以电梯为代表的装备制造业快速发展，新型食品、光缆电缆等行业稳步发展，产业能级显著提升。沿苏片区实现与苏州主城区无缝对接，电子信息产业稳步提升，先进制造业快速发展，产城融合进一步推进。"区镇合一"管理体制进一步优化，资源有效整合，功能片区核心作用突显。盛泽镇"强镇扩权"改革走在全国前列，全国行政体制管理试点改革深入推进，成为国家新型城镇化综合试点镇；黎里镇、七都镇列入全国小城镇改革试点。

（三）创新转型成效明显

产业结构不断优化，三次产业比重从"十一五"期末的2.7:60.3:37.0优化为2015年年底的2.6:52.6:44.8。四大主导产业有序发展，电子信息业和丝绸纺织业达到千亿能级，光电缆产业、装备制造业总量保持快速增长。四大新兴产业较快发展，新材料产业达到500亿能级，高端装备制造、新能源和生物医药产业快速发展。现代服务业发展快速推进，服务业增加值占比平均每年提高1.56个百分点，重点领域和载体建设不断突破，服务业新型业态加快发展。农业产业特色鲜明，农机专业化服务率达86.2%。创新能力稳步提升，万人发明专利拥有量达22件，全社会研发投入五年累计达152亿元，预计2015年全社会研发投入占GDP比重达到2.4%，获得国家知识产权试点城市和国家可持续发展实验区称号。人才资源加速集聚，到"十二五"期末，全区人才总量约达23万人，比"十一五"期末增加约140%，拥有国家千人计划41人，国家级企业技术中心7家。顺利通过国家知识产权试点城市验收，被列为国家可持续发展实验区，连续三年位列"福布斯中国大陆最佳县级城市"创新指数第一。

（四）城乡统筹协调发展

交通网络更加立体便捷、高效绿色，全区等级公路里程达到2310公里，乡镇公交通达率达到100%，轨道交通线建设顺利推进。城乡面貌明显改善，老城区、老镇区改造大力推进。农村集体建设用地使用权流转试点改革加快推进，农村宅基地退出激励机制和退出收回补偿机制改革稳妥推进，新型农业经营体系、农业社会化服务新机制更加完善。震泽、七都美丽乡镇建设位列苏州大市第一方阵，成功创建国家现代农业示范区。荣获中国人居环境奖，新增1个国家4A级景区、3个省级乡村旅游点。实施村庄环境综合整治，累计投入资金5.6亿元。国家卫生镇实现全覆盖。全区实现"数字城管"全覆盖，网格化、精细化、长效化管理水平稳步提升。

（五）环境质量持续改善

节能减排扎实推进，单位GDP能耗下降明显，主要污染物减排成效显著。水域环境和水体质量得到有效改善，河道疏浚累计158公里，湖泊三网拆除率达到96.51%，地表水全要素监测断面达到或优于Ⅲ类水质比例达到64%；大气环境质量持续改善，率先在苏州范围内实行雾霾预报，空气质量达到二级标准的天数比例达到71%；深入开展垃圾分类管理，城区主要有害垃圾百分之百实现无害化处理。绿化建设稳步推进，林木覆盖率达19.5%。荣获中国人居环境奖，被命名为国家生态市（区），并成功入选全国生态文明建设试点城市，成功创建同里国家级湿地公园。生态文明体制改革持续推进，资源有偿使用和生态补偿机制、生态环境保护责任追究制度、环境损害赔偿制度等更加健全，水资源管理制度改革稳步推进。

二、吴江新型城镇化与生态文明融合发展的主要做法和经验

吴江区在加快经济发展的同时，更加注重探索实践，在推进新型城镇化和生态文明融合方面积累了一些成功经验。纵观吴江的创新实践我们发现，从自身实际出发，以科学规划为引领，把生态文明理念融入新型城镇化建设中，尊重自然、顺应自然、保护自然，带动经济、社会、文化等各领域生态化发展，在加快转型中持续增强可持续发展动力，生态文明已成为吴江继工业文明之后又一个充满无限生机活力的强大引擎。其做法主要体现在以下五个方面。

（一）以科学规划优化整体空间布局，推动生产、生活、生态"三生融合"

优化空间布局是城镇化与生态文明融合发展的前提。吴江坚持高起点规划、城乡发展统筹，努力实现生产空间集约高效、生活空间宜居适度、生态空间天蓝水秀。

一是坚持科学规划引领。针对早期城镇化过程中存在的布局散乱、水平不高等问题，2000 年以来，吴江专门成立规划局，从全国招聘高级规划师，从专项规划角度，对吴江城镇化发展空间布局进行了优化和提升，包括以五轮城市总体规划优化整体空间布局、以土地利

用规划统筹城乡空间发展、以产业规划优化城乡产业结构、以镇村规划推进新型城镇化等，使得城乡资源配置更趋合理，城乡空间布局明显优化，吴江城镇化建设走在全国前列。

二是高度重视产城规划。产城融合是吴江区新型城镇化实践的一大特色。吴江在推进产程融合方面，首要的做法就是强调规划的统筹性和连续性，特别是统筹产业规划与城镇规划，既注重产业发展对城镇化的支撑能力，又注重以城镇功能分区来规范产业发展。产城规划先行，对产业、城市做好前瞻性规划和定位，有效防止了盲目造城现象，真正实现城镇建设与产业发展之间的相互促进。近年来，吴江结合产业振兴发展规划，按照"工业立区、先进制造业强区"的理念和加快吴江工业经济"升级版"的要求，在"一镇一品"的基础上采取乡镇合并、区镇合一、强镇扩权等发展措施，不断巩固城镇化的物质基础。升级后的"一镇一品一园"（一镇一品牌一园区），成为产城融合在城镇化发展战略的集中表现形式。

三是全面推进多规合一。一直以来，吴江将"多规融合"作为产业空间和城镇化拓展的重要抓手，在充分尊重自身特有的自然、人文、历史、产业等区域特点基础上，制定《吴江"多规融合"空间统筹规划》，划定生产空间、生活空间和生态空间边界，促进经济社会发展规划、城市总体规划、土地利用总体规划、镇村布局规划、生态建设规划等与各专项规划的无缝对接，实现永久性基本农田、城镇控制区、产业发展区、扩建村庄、保留村庄、生态用地等逐一上图落地，不断优化提升城镇功能布局、产业布局和生态布局，努力构筑新型城镇化格局，有效规避了"摊大饼"式的旧城蔓延拓展方式和人口密集、交通拥堵、资源紧张等"大城市病"。事实上，吴江以"功能片区"引导产业区域布局优化与整体空间布局优化，也就是吴江产业规划与城市总体规划、土地利用规划相融合的阶段。

(二) 以制度创新促进资源要素流动，推动城镇和乡村土地集约节约利用

城镇化的主要瓶颈在于土地制度。土地制度创新是吴江新型城镇化进程中的核心问题。吴江创新体制机制，主要是通过"三集中""三置换""三大合作"等形式，推动土地节约利用，促进土地资源在城乡间实现合理流动，优化城乡土地资源大配置。所谓"三集中"，就是推动工业企业向规划园区集中、农民居住向新型社区集中、农业用地向规模经营集中。所谓"三置换"，就是集体资产所有权、分配权置换为社区股份合作社股份；土地承包权、经营权通过征地置换为基本社会保障或入股换股权；宅基地使用权可参照拆迁或预拆迁办法置换为城镇住房（或二、三产用房，或置换股份合作社股权），或者直接进行货币化置换。所谓"三大合作"，就是通过对农村集体资产、土地承包经营制度和农村的生产经营组织方式进行改革而形成的三种新型合作经济组织（农村社区股份合作社、土地股份合作社、专业股份合作社）的统称。目前，全区90%以上企业集中在园区，土地规模经营面积超过90%，农村、农民走上一条共同富裕之路。

吴江优化土地资源的做法是对我国原有土地制度的创新，其创新主要表现在三个方面。一是创新了土地产权制度。吴江以农民土地承包权、经营权换社保、换股权，以宅基地使用权换城镇住房，从使用权的物权属性变化情况来看，是一种对农村原有产权制度予以创新的表现形式。通过这一置换机制的创新，实际上使得农村集体所有的土地物权属性从个人权利上得以体现，也即"资源资本化、资产资本化、资本股份化"得以实现。二是创新了农村土地使用制度。吴江较

早开始对农村土地有效使用的探索，在推进城乡一体化发展后，更在土地使用方面采取了许多卓有成效的措施，创新了农村土地使用制度。具体而言，基本建立了土地利用规划、城镇规划、产业发展规划、生态建设规划"四规融合"的规划机制；大力推进土地使用权改革，积极探索以土地承包权入股、转让、转包、互换、合作，实现生产要素的市场化配置，确保农民土地的受益权，特别创新了以土地股份合作为主要形式的经营方式，引导农民把分散土地集中起来，提高了农民收入和土地集约利用水平；同时，有序开展农村土地综合整治，盘活城乡存量建设用地，利用城乡建设用地增减挂钩做好土地占补平衡，大力提升土地节约集约利用水平。三是创新了以市场化配置农村集体建设用地方式。吴江以市场机制为主导来配置农村集体建设用地，促进集体建设用地效益的最大化，包括按市场价进行房屋拆迁和安置（如宅基地换房）；按市场价进行建设用地指标交易；按市场价将宅基地换房节约出来的土地进行经营性开发等。

（三）以绿色低碳引领产业转型升级，推动生态文明背景下苏南模式升级

苏南模式通常是指江苏省苏州、无锡和常州等地区通过发展乡镇企业实现非农化发展的方式。苏州吴江作为"苏南模式"的发源地之一，在乡镇企业、民营经济等诸多领域发展开全国先河，县域经济实力全国领先，也比其他地区更早遇到了转型发展的难题。面对绿色转型、低碳发展的世界潮流，面对资源环境约束趋紧的严峻形势，近年来吴江区坚持以生态文明引领城镇化与工业化发展，坚持生态经济化、经济生态化方向，以生态环境保护倒逼产业结构和布局的绿色升级改造，努力打造苏南模式升级版。

一是坚持创新和开放驱动，积极调整产业结构，大力培育发展服务业和新兴产业。主动发挥东接上海、南连浙江、西临太湖的区位优势，聚焦总部经济、旅游休闲、电子商务、文化创意、服务外包、金融保险等城市经济业态，重点发展高端现代服务产业。同时，出台产业调整振兴计划，通过实施创新驱动战略，紧扣新产业、新产品、新业态和新模式，加快调整行业结构，着力发展新材料、新装备、新医药、新食品等新兴产业；加快资本来源结构调整，增强对欧美资本的吸引力、对民营资本的凝聚力、对国有资本的驱动力，着力引进单位产出高、增长后劲强、政府投入小、科技含量高的项目。目前，全区已形成以电子信息、光电缆和装备制造为主导的高新特色产业群。活跃的吴江民企同样亮点纷呈。丝绸纺织行业打好升级牌，依靠品牌、设计、模式等提升引领行业发展；光电缆行业打好科技牌，明确主攻方向，进一步提升市场主导权；电梯行业打好驰名牌，提升综合实力，大力培育区域品牌和行业品牌。此外，还启动了黄金湖岸旅游综合体建设，推出游艇码头、丛林花田、水景乐园等旅游配套，城旅一体初显成效。

二是借助管理模式创新，加快淘汰落后产能和传统产业绿色化升级。建立了环保准入负面清单，严格新上工业项目把关，从源头上杜绝污染企业。目前全区形成的电子信息、光电缆和装备制造等几大新兴产业均是低碳环保和高新技术产业。同时，加大印染、喷织、化工、火电等行业专项整治，关停并转一批高耗能、高污染企业，改造升级一批落后设备技术。强化企业资源集约利用信息系统、供电信息系统和重点用能企业能源利用状况报告系统三大平台节能预警调控作用，通过收集全区企业用地、用能、税收、排放等总量与单位使用产出情况，从而精准定位，积极发展低用地、少用地、高产出行业，限制或禁止发展高耗能、高污染、低产出行业，加快落后产能淘汰步伐。并通过树立典型积极引导，建设循环经济产业园、设立区级节能与循环经济专项引导资金等鼓励措施，激励企业开展清洁生产、发展循环经济，实现资源利用的最大化和污染物产生的减量化。此外，大力推进智能工业发展，启动实施智能工业计划，加快现有企业智能化改造。

三是坚持发展低碳、绿色、生态农业。吴江不断增强生态农业意识，以现代农业示范园区建设为载体，以发展循环农业为先导，以生产绿色产品为目标，以标准生产为手段，以测土配方施肥为抓手，以出台扶持政策为导向，积极推动传统农业向生态农业、设施农业、高效农业转型，大力推进现代农业绿色化发展，切实加强优质水稻、特色水产、高效园艺、生态林地建设，提高农业生态平衡能力，有效提升了园区土地产出效益、农产品附加值和生态农业产业化发展水平；推广清洁环保生产方式，治理农业面源污染，创新低碳高效水产养殖技术，切实把发展农业、致富农民、美化农村与生态文明建设紧密结合起来，走出了一条具有地方特色的农业、生态互补共进之路。

（四）以水生态环境治理保障水安全，推动"百湖之城"人居环境优化改善

水是生命之源、生产之基、生态之要。吴江被称为"百湖之城"，全区水域面积 351 平方公里，占全区总面积的近 1/3。因此，水生态建设成为吴江生态文明建设的重中之重，也与新型城镇化建设及城乡居民生产生活息息相关。近年来，吴江狠抓水环境治理改善，使河道湖泊既承担起行洪排涝、灌溉供水的职能，又提供了妆点景色改善环境的便利，为吴江社会和谐、经济发展提供了宝贵资源。

一是坚持实施东太湖综合整治，协同建设太湖新城。吴江西靠东

太湖，岸线 47 公里，区内河道纵横、湖荡密布，水域面积 351 平方公里，素有"水乡明珠"的美称。吴江从 2008 年开始实施东太湖流域综合整治工程，专门成立东太湖综合整治工作领导小组，制定东太湖综合整治工程方案并经国家管理部门批准。整个工程以流域防洪安全为起点，以生态修复为落脚点，包括洪道疏浚、退垦还湖、退渔还湖、生态清淤以及生态修复等五大工程。由于退垦还湖和生态清淤工程的实施，新增水面 16.6 平方公里、蓄洪容积 0.48 亿立方米，东太湖蓄洪能力提高近 30%。吴江依托东太湖综合整治工程同时规划了太湖新城，坚持高起点、高标准、高质量、高品位的原则，建设宜居乐居的生态滨湖之地，打造"美丽苏州湾"，成为当前苏州城市建设的最大亮点。

二是坚持推进湖泊河流整治。加强河湖长效管理，制定实施河道管理"河长制"，落实河道管理责任；及时发现、制止侵占河湖水域、破坏堤防等水事的违法行为；持续开展河道疏浚、畅流工程；全面推进三网（即围养渔网、网箱、网簖）整治拆除，有效增强了河水流动性。把水生态建设作为重中之重，编制湖泊保护和开发利用专项规划，把太湖以外的 55 个省保湖泊进行全面调查测量和逐个功能确认。全面推进中小河流治理重点县项目建设，加强农村河道疏浚，通过干港清淤、清至硬底，边清淤边清洁，恢复河道功能，改善农村面貌，努力建设"水清、流畅、岸绿、景美"的自然生态。

三是切实加强水源地保护。东太湖是上海、苏州等大中城市的水源地，保护水资源事关重大。吴江建立了智能监测管理系统，积极开展水源地生态清淤和应急备用水源地建设。先后完成东太湖水源地一水厂、二水厂生态清淤工程，彻底清除沿岸养殖网箱、养殖船只、生产船屋和码头等，搬迁一批工业小企业，大大优化了东太湖水质。目前，太湖水明显优于长江水，尤以东太湖水质为好，均为Ⅲ类水质标准。此外，吴江还大力推进雨水回用与旧城改造相结合工程，取得较好成效。吴江中学通过建设雨水回收利用系统，每年节省生活用水6万吨，差不多是原来的一半。据统计，此类节水型单位全区超过30%。

四是加快湿地修复和保护。通过植被恢复、水源保护、水质净化等措施，适度推进湿地公园建设。目前，全区已经建成湿地公园4个、总面积近40平方公里，其中同里国家湿地公园成功获批国家湿地公园试点。这些湿地公园生物种类多样、形态格局丰富、水乡文化深厚，构筑了吴江天然"生态之肾"，不仅成为野生动植物良好的生存栖息地，而且成为太湖流域水生态保育恢复、合理利用的示范基地和湿地科学、生态文明的科普教育基地，也形成了吴江生态文明的独特风景。"乐居吴江""美丽吴江"已成为吴江的一大品牌和亮点。

五是推进活水畅流工程。在扎实推进湖泊河流整治、水资源和湿地修复保护的基础上，吴江还全力推进"畅流活水"工程。这是继"三网整治"后，吴江改善提升水生态、水环境的又一重要举措。该工程围绕"清淤、活水、保洁、生态"主题，通过畅通骨干河网、沟通圩内外水系、疏通圩内河道的三通工程，打通断头浜、拆除阻水坝埂、增进圩内河道水体循环、提高圩内外水系沟通、增强圩外骨干水系引排功能，恢复河流水体生态健康，促进活水畅流。

（五）以长效机制推进村庄环境整治，推动"美丽镇村"示范建设有序进行

为加快改善村庄环境面貌和农村生产生活生态条件，积极推进美丽乡村建设，2012年吴江区按照省委、省政府的工作部署，开始了村庄环境全面整治，整治效果显著、特色鲜明，极大改善了乡村环境面貌，推进了吴江新型城镇化的进一步发展。主要做法包括如下：

一是建立村庄环境整治工作制度。吴江成立了区领导任组长、副组长和相关镇（区）、单位部门负责人为成员的村庄环境整治工作领导小组；按照"条块结合、以块为主"的工作要求明确了相关部门的职责，各镇（区）对本地区村庄环境整治工作负总责；为切实加强区镇两级整治办的沟通联系和指导督查，建立了联络员制度、信息报送制度、月报制度、检查考核制度以及开展现场推进会等制度；积极探索数字管理制度，拓展数字城管在农村环境管理等方面的功能。

二是建立资金筹措和整合机制。为有效整合与农村环境整理相关的专项资金，重点保障农村环境整治的需要，吴江汇集投向村庄环境的各类资金，出台了《市级村庄环境整治引导资金奖补办法》，市级引导资金按照统筹安排、突出重点的原则，向创建省级"三星级康居乡村"、重点窗口地带村庄倾斜；同时，还以行政村、自然村庄为单位，根据任务数量、村庄定位、工作进度、完成情况及整治效果，采取以奖代补的方法分别给予补助。

三是推进村庄环境整治长效管理模式。针对整治后村庄的长效管理，吴江出台了《加强村庄环境长效管理实施意见》。为推动落实这一文件，量化村庄环境长效管理工作指标，吴江又出台了《村庄环境长效管理工作机制和考核办法》，明确提出统一资金补贴标准、保洁队伍管理、监管考核体系、垃圾清运模式的工作机制。"四统一"工作机制及考核办法的落实，使吴江村庄之间管理不平衡问题得到解决，村庄环境长效管理难题得到破解。在村庄环境长效管理中，吴江创新设立"荣誉积分"。村民在环境长效管理中考核合格，就能在"存折"里储蓄一个荣誉图章，累计4个便可兑换牙膏、毛巾等奖品。

此举大幅缩减了村里保洁员的费用支出，还在村民间形成了"竞赛"。目前村庄环境长效管理的"吴江模式"已经取得了良好的效果。

四是高度重视古镇文化保护。吴江古镇文化特色鲜明，拥有同里、黎里、震泽三个国家级历史文化名镇，其中同里古镇荣获联合国"国际改善居住环境最佳范例奖"。吴江在开发古镇的过程中，注重传统民居和文物古迹保护同步、物质遗产与文化遗产保护并重，既保留古镇原有的建筑形态，也保存古镇居民传统的生活方式，还保护民间技艺和传统小吃传承，江南水乡的历史人文气息更加浓厚深远，真正实现了"望得见山、看得见水、记得住乡愁"。

（六）以生态文化理念引领城镇发展，推动生态社会与新型城镇化有机融合

一是注重生态宣传教育。吴江长期以来一直结合中心工作，通过公益广告等形式，在广播、电视、网络、报刊等媒体进行垃圾分类、土地保护、拆除"三网"、节约型餐桌、公共场所禁烟等宣传，提高市民的生态文明意识，争取市民对生态保护工作的支持和配合。通过大力开展创建绿色学校工作，让生态文明知识进校园，使学生从小树立生态文明的理念。目前已基本完成各级"绿色学校"的创建工作。芦墟实验中心小学从1995年开展生态教育，被"香港地球之友"吸收为中国荣誉会员，获得全国绿色学校称号和"第七届地球奖"。

二是大力推动绿色活动。开展节约型餐桌、公共场所禁烟、垃圾分类、绿色出行、全民节能等活动，积极倡导城市绿色低碳生活。启动垃圾分类管理，先试点后推广，循序渐进，为居民建立"绿色账户"，专职人员定点定时收集可回收垃圾，并按照市场价兑换给相应物品，绿色理念深入人心。积极开展国家卫生镇和美丽农村创建活动，

生态修复和资源保护得到重视，全区实现国家卫生镇全覆盖，镇容镇貌显著改善，人民群众得到实惠。

三是全力打造绿色交通。现代公共交通体系从无到有，快速发展，广受群众欢迎。近年来，财政大力投入改造优化区内公路网，加快农村公路、公交车、公交站亭以及公交枢纽站等城乡公共交通一体化建设，实现了村村通公交，区、镇、村三级公交网络零距离换乘。为实现"零污染""零排放"的目标，吴江多次增加"绿色公交"，使新能源车占到在线运营车辆总数的一半。积极倡导居民绿色出行，以市场化模式通过服务外包建成公共自行车运行系统，全区市民共办卡 6 万余张，累计使用公共自行车 328 万人次，骑行 118 万余小时，有效减少了车辆废气排放。

三、吴江新型城镇化与生态文明融合发展的主要启示

当前生态文明作为执政理念已经上升为国家战略，生态文明建设已经成为中国特色社会主义事业总体布局的重要组成部分。推进高质量城镇化、可持续城镇化亟须生态文明建设这一强大动力和重要保障。吴江推进新型城镇化和生态文明融合发展的实践探索，对江苏省乃至全国在新常态下推动经济社会发展具有重要的启示意义。

（一）坚持规划引领

规划是发展理念的重要体现，是新型城镇化建设的龙头和基础。近年来，吴江高度重视规划引领，充分发挥规划的科学导向和法律约束作用，尤其突出其先导性、科学性和严肃性，以规划引领发展，切实推进产业发展、国土利用、城镇建设和生态保护等"多规有机统

一"，提升建设水平。实践表明，有什么样的规划水平，就会有什么样的城镇化水平。扎实推进新型城镇化与生态文明融合发展，必须从国情、省情、市情出发，以城乡统筹、产城互动、节约集约、绿色低碳、生态宜居、和谐发展为内涵，自觉遵循城镇化和生态文明建设的基本规律，充分借鉴和吸收国内外先进理念和成功经验，切实增强规划的科学性、指导性、前瞻性和实践性。

（二）坚持产业升级

产业是城镇化的重要引擎。经济发展是新型城镇化的前提和基础。推进新型城镇化与生态文明融合发展，必须以提高经济质量和效益为中心，以生态环境保护倒逼产业转型升级，以经济持续增长为生态文明建设提供物质支持。近年来，吴江以生态文明建设倒逼经济转型升级，在综合实力连年跃升的同时，实现了生态环境的改善。吴江实践启示我们，推进新型城镇化与生态文明融合发展，必须以提高经济质量和效益为中心，大力发展循环经济、低碳经济、绿色经济，促使能源资源节约、循环和再利用，以生态环境保护推动产业转型升级，以经济持续增长为生态文明建设提供物质支撑，推动经济增长与生态保护相互促进、良性互动。

（三）坚持民生优先

无论是新型城镇化建设，还是生态文明建设，"人"始终是最为关键也是最为重要的因素。吴江把人的全面发展作为新型城镇化与生态文明融合发展的出发点和落脚点，突出发展为民，努力提升人民群众的幸福感和获得感，打造宜居乐居城市，获得了全体居民的大力支持和积极参与，成为"中国最具幸福感城市"。这表明，推进新型城镇化与生态文明的融合发展，必须坚持以人为本，切实解决人民群众最关心、最直接、最现实的利益问题，让发展成果更多更公平地惠及全体人民。只有切实强调和维护人的主体地位，使民生不断得到改善，社会更加公平正义，环境更加优美宜居，生活更加幸福美好，新型城镇化与生态文明的整合建设才能真正赢得人民群众的广泛参与和大力支持。

（四）坚持改革创新

吴江在新型城镇化和生态文明建设中，注重体制机制创新，大胆采取服务外包、企业自主等市场化手段，形成了政府引导、市场运作、社会参与的多元共治局面。同时，强化创新引领，把抓创新融入全领域，加速实现动力转换、产业提升、空间拓展。实践表明，推进新型城镇化与生态建设的融合发展，必须用改革的办法、创新的精神，针对制约发展的突出矛盾，坚决打破体制机制障碍，释放制度红利，激发市场活力，推进"新五化"协同发展。只要坚持以科学发展为导向，积极深化改革创新，加快建立有利于城镇持续发展繁荣的体制机制，才能不断提高城镇化发展质量，促进经济社会持续健康发展。

（五）坚持多方参与

新型城镇化过程中的生态文明建设是一项系统工程，涉及多个部门，关乎千家万户的切身利益。为此，必须要建立多部门联动、多方合作的统筹协调机制。具体到吴江区，区主要领导对此高度重视，分管领导具体落实，建立生态文明和新型城镇化的建设工作的联席会议制度，每年分阶段召开工作会议，形成部门齐抓共管的合力。此外，该区还注重发挥企业、民间组织与市民群众的积极性，让他们参与到生态文明和新型城镇化建设工作中来。吴江首个 NGO 环保公益组织在生态文明和新型城镇化建设中发挥了很重要的作用。实践表明，实现新型城镇化与生态文明的融合，要寻求角色适位的多方合作。不仅要突出政府在主体功能区布局、公共产品分配、服务平台搭建、城镇品牌塑造、生态文明制度建设方面的主导作用，还要进一步拓宽合作渠道，并建立相应的激励机制，确保各类社会主体和项目合作落到实处，努力形成政府引导、企业融入、社会组织协调、市民参与的生态文明角色定位，增强城镇化进程中的生态产品提供和生态治理能力。

执笔人：李维明　谷树忠　沈　和（江苏省政府研究室）

参考文献

[1] 李连仲，徐明. 大力促进科学发展　积极打造乐居城市——关于建设乐居吴江的调查报告. 北京：经济科学出版社，2010

[2] 吴江课题组. 吴江. 北京：当代中国出版社，2010

[3] 梁一波. 新型城镇化的吴江实践，苏州：古吴轩出版社，2014

[4] 吴江区发展和改革委员会. 苏州市吴江区国民经济和社会发展第十三个五年规划纲要，2016 - 4 - 22

[5] 沈和等. 新型城镇化与生态文明融合发展的生动探索——江苏省苏州市吴江区的创新实践与启示. 中国发展观察，2015（4）

[6] 吴江市地方志编纂委员会. 吴江市志 1986 ~ 2005（上下册）. 上海：上海社会科学院出版社，2013

福建三明生态文明建设及综合配套改革研究

福建省是全国第一批"生态省"试点省，也是全国首个生态文明先行示范区。三明是全国精神文明"五讲、四美、三热爱"的发源地和集体林权改革策源地，通过实施"生态兴市"战略，已形成"三明共建、三权联动、三生共赢"的生态文明模式。三明共建——精神文明、物质文明、生态文明共建；三权联动——林权、地权、水权联动；三生共赢——生产、生活、生态共赢。为深化改革，三明按生态文明建设的要求，全面推进配套改革，力求做到"生态美、产业兴、机制活、百姓富"。

一、福建三明生态文明建设的背景和意义

（一）国务院支持福建加快生态文明先行示范区建设

生态资源是福建最宝贵的资源，生态优势是福建最具竞争力的优势。早在 2000 年习近平同志任福建省省长时就前瞻性地提出了建设"生态省"的战略构想。2002 年，福建成为国家"生态省"建设试点省份。经过十多年持之以恒地推进生态省建设，福建成为全国唯一水、

大气、生态环境全优的省份，并通过制度创新推动绿色转型发展，为生态文明建设奠定了良好基础。

2014 年 3 月，国务院发布《关于支持福建省深入实施生态省战略加快生态文明先行示范区建设的若干意见》，这是党的十八大以来国务院确定的全国第一个生态文明先行示范区。《意见》的出台标志着福建生态省建设继续深入、延伸，步入了建设全国生态文明先行示范区的新阶段。

该文件赋予福建生态文明先行示范区建设四大战略定位——国土空间科学开发先导区、绿色循环低碳发展先行区、城乡人居环境建设示范区、生态文明制度创新实验区，要求建立体现生态文明要求的评价考核体系，大力推进自然资源资产产权、集体林权、生态补偿等制度创新，为全国生态文明制度建设提供有益借鉴；明确支持三明林区开展生态文明建设的配套改革，为三明市生态文明建设指明了方向。

2014 年 9 月，福建省省委、省政府出台《贯彻落实〈国务院关于支持福建省深入实施生态省战略加快生态文明先行示范区建设的若干意见〉的实施意见》（以下简称《实施意见》）。《实施意见》共 33 条，部署近期重点工作 134 项。按照 2015 年、2020 年两个阶段的目标要求，有步骤、分阶段地推进生态文明先行示范区建设，并围绕目标明确六项主要任务：优化国土空间开发格局；加快推进产业转型升级；促进能源资源节约利用；加大生态环境保护力度；提升生态文明建设能力；加强生态文明制度建设。

（二）福建三明深化生态文明建设综合配套改革

三明市市委、市政府高度重视生态建设，坚持"生态兴市"建设绿色产业高地作为面向未来的重要发展战略，推动三明市从资源优势向经济优势、环境优势向竞争优势、潜在优势向现实优势的转化。

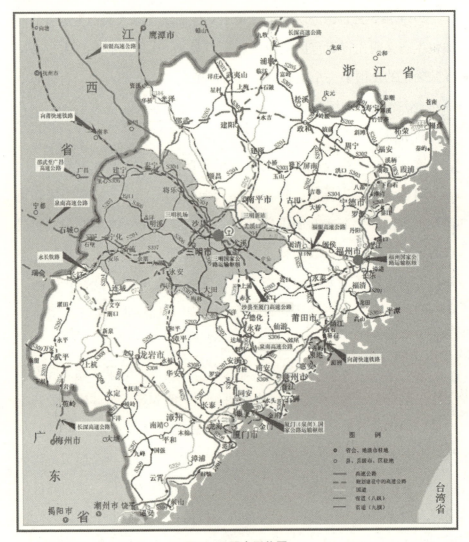

图1　三明市区位图

党的十八大前，三明市市委、市政府基于对三明科学发展跨越发展的思考，初步提出了建设三明生态文明示范区的构想。为凸显三明特色，又进一步提出了实施南方林区生态文明综合配套改革实验区的构想。这一提法符合三明市市情和发展实际，有利于提升三明产业水平、转变发展方式、优化生态环境、增强综合竞争能力。

2014 年 3 月，在前期广泛调研的基础上，三明市形成《关于三明南方林区生态文明建设综合配套改革的实施意见》。主要任务：着力打造"四区一平台"，即生态空间科学开发示范区、生态产业集聚发展先导区、生态环境集约利用先行区、生态制度创新试验区、生态文明交流知名平台。

二、福建三明生态文明建设的模式和目标

（一）福建三明生态文明建设成效

长期以来，三明市市委、市政府坚持"念好发展经、画好山水画"，深入实施"生态立市"发展战略，努力实现"百姓富、生态美"的有机统一，成为全国集体林权制度改革和全国群众性精神文明创建活动的发源地，是全国文明城市、国家卫生城、园林城及中国优秀旅游城市，是全国最绿省份的最绿城市。

在中国社科院发布的《2014 年中国城市竞争力蓝皮书》中，三明跻身全国生态城市竞争力前十行列。2014 年全年，市区环境空气质量（API）优、良天数达标率 97.8%，10 个县（市）环境空气质量均达到或优于国家二级标准；全市县级以上集中式饮用水源地水质达标率 100%；辖区三条主要水系 17 个省控断面水质达标率 99%，其中金溪、尤溪水质达标率 100%。

1. 林权制度改革全国领先

率先开展以"明晰产权、分类经营、落实承包、保障权益"为主要内容的集体林经营改革，成为全国林改的策源地和全国集体林区林业产权制度改革的试点。率先完成明晰产权和确权发证任务；率先成

立林业服务中心；率先开展林权抵押贷款；率先推进林业合作经济组织建设；率先建立县级生态公益林补偿制度；率先开展林木采伐管理制度改革探索；成立了全国第一家林业大宗商品交易中心；举办了全国唯一的海峡两岸林业博览会暨投资贸易洽谈会。集体林权改革成为三明工作的一大品牌，一直保持在全国领先地位。建成国家级自然保护区、森林公园、湿地公园、地质公园 16 个，是全国、全省保护区最密集的地区之一。

2. 节能环保产业发展迅速

中节能海西（三明）节能环保产业园是福建省与央企中节能集团合作建设的首个节能环保产业运营平台，位于梅列经济开发区的循环经济产业园，荣获第一批福建省"十二五"循环经济示范试点单位。

3. 注重农业科技研发支撑

金森林业与南京林业大学建设全国首个单细胞繁育技术产业化基地。中国种业集团在建宁建设国家级制种基地项目，建立种子生命科学技术海西分中心。

4. 现代物流结合电子商务

建设了福建省首个最大的钢铁现代物流龙头企业——福建省闽光现代物流有限公司。春舞枝集团整合了全国 8000 家花店，建立了"12580 鲜花电子商务平台""全球鲜花速递网"等综合电商平台，建成国内最大的实体花店联盟——"天下花盟"。2014 年在德国证券交易所成功上市，成为全国首家花卉上市企业。

5. 传统文化结合生态文化

充分发挥本市客家祖地文化、朱子文化、抗战文化、宗亲文化等交流合作资源优势，全面推进明台文化交流。成功举办"世界客属恳亲大会"等一批内涵丰富的客家祖地文化交流活动。结合本地生态优势，大力宣传生态文化，加大生态旅游品牌的创建力度，成为全省旅游景点最为密集的区域。

（二）福建三明生态文明建设模式特点

经过长期实践，三明已形成"三明共建、三权联动、三生共赢"的生态文明模式。三明共建——精神文明、物质文明、生态文明共建。从全国精神文明的发源地到全国生态文明城市，三明在发展过程中将精神文明、物质文明和生态文明齐抓共建，相互促进。三权联动——林权、地权、水权联动。山水林田湖是一个生命共同体，人的命脉在田，田的命脉在水，水的命脉在山，山的命脉在土，土的命脉在树。三明以林业改革为先导，逐步联动系列改革，形成鲜明特色。三生共赢——生产、生活、生态共赢。三明在发展定位时就致力于将生产、生活水平的提高寓于生态保护之中，同时又合理利用生态价值发展生态经济，从而实现了生产、生活与生态三者的和谐共赢。具体来说，表现为以下几方面：

1. 以精神文明建设为起点

三明是全国群众性精神文明创建活动的发源地之一。精神文明的社会氛围为三明生态文明建设奠定了深厚基础。因为资源和环境危机的实质不是单纯的经济和技术问题，而是文化观念和价值取向问题，是生态意识形态问题。生态环境发展改造在主观世界的成果是精神文明建设的重要组成部分，生态文明中建设社会生态意识形态就是精神文明的重要内容。只有将生态文明建设放在精神文明建设的高度来加强建设，才能真正达到在人们的意识形态中有生态意识。只有形成社会生态意识，政府、企业、群众在生产生活中才能以生态环保作为出发点和行为准则，才能积极参与环境保护和建设。

2. 以林业生态文明为特色

三明是全国集体林权制度改革的策源地。早在 20 世纪 80 年代初期，就采取"分股不分山、分利不分林"的办法组建村林业股东会，全面推行林业股份合作制改革，被中央政策研究室列为"中国农民的伟大实践"的典型之一。之后又在全国率先开展了一系列以林权改革为核心的林业生态文明改革，引领全国林改创新之先，形成了鲜明特色，成为三明生态文明模式的亮点。

3. 以覆盖城乡建设为基础

三明在全市大力开展"环境友好（绿色）社区"和"美丽乡村"创建活动，形成了覆盖全城乡的浓厚生态文明氛围。在城市领域，三明在绿色社区的基础上，积极开展环境友好社区创建，许多社区开展了内容丰富、形式多样的创建活动，倡导生态文明的生活习惯、消费观念，增强公众环境意识，构建社区环境管理自治平台，延伸社区环境管理，加强社区环境建设，规范居民的环境道德和环保行为，推进公众参与节能减排、绿色采购等环保活动，推进社区环境问题的及时解决，促进了社区环境质量的整体改善，提高了公众对环境保护的满意率。在农村领域，三明以提升农民生活品质为目的，以乡村规划建设为引领，以村容村貌整治为重点，以示范带动发展为突破，以乡（镇）村为主体，以创新社会管理为保障，着力创建一批"规划好、建筑美，卫生好、环境美，生态好、山水美，产业好、生活美，设施好、功能美，管理好、乡风美"的美丽乡村，努力实现"百姓富"与"生态美"的有机统一。在全面推进美丽乡村创建工作的基础上，全市建成 100 个可看可学可推广、宜居宜业宜游的"六好六美"美丽乡村示范村。"环境友好（绿色）社区"和"美丽乡村"的创建为三明生态文明建设奠定了坚实的群众基础。

4. 以生态产业建设为支撑

将绿色循环低碳发展理念贯穿于各个产业领域，生态产业成为三明生态文明发展的有力支撑。

推动农林产业生态化，实施千亿现代农业产业跨越发展行动计划和设施农业发展规划，培育壮大中国利农、清流春舞枝花卉等龙头企业，建成永安现代农业示范区、清流台湾农民创业园、沙县现代农业示范园等国家级农业园区，市级以上农业龙头企业产值突破300亿元。

推动工业发展低碳化，建设生态新城。运用高新技术改造提升传统产业，机械科学总院海西分院、海西节能环保产业园、中国重汽海西汽车等一批重大项目落地建设，坚持以节能减排倒逼产业转型升级。

推动三产服务多元化，着力推进文化产业、城市商贸、仓储物流、专业市场、商务服务五大集聚区建设。现代物流、电子商务等产业加快发展，文化产业增加值增幅全省第一，探索出了县域旅游发展的"泰宁路径"。

5. 以生态制度建设为保障

三明注重从制度和机制层面深层次推动生态文明建设，为生态文明发展提供根本保障。如实行差异化考核机制。为因地制宜、分类指导生态建设，结合三明的实际，取消宁化、泰宁等八个县地区生产总值考核，对其实行生态保护优先和农业优先的绩效考评方式，着力引导全市各级党委、政府牢固树立生态文明的政绩观。

建立多元化投入机制。加大财政投入，鼓励民间资金和团体参与生态建设和保护，形成"政府主导、社会参与"的多元良性投入机制。如在泰宁县试点的《村级生活污水处理设施运行维护管理暂行办法》，通过"三个一点"（财政统筹一点、排污费补助一点、生态补偿一点）落实运行经费，做法得到国家环保部认可并在全国范围内推广；将乐县采取 BT 形式建设维护各乡镇污水处理设施；永安市每年向社会募集生态文明建设专项资金 3000 万元以上，用于购买和保护重点生态区位林木等。

（三）福建三明深化生态文明建设目标体系

到 2020 年，三明市资源节约型和环境友好型社会建设取得重大进展，主体功能区布局基本形成，经济发展质量和效益显著提高，生态文明主流价值观在全市得到推行，生态文明建设的水平与全面建成小康社会的目标相适应。

1. 国土空间开发格局进一步优化

经济、人口布局向均衡方向发展，陆海空间开发强度、城市空间规模得到有效控制，城乡结构和空间布局明显优化。

2. 资源利用更加高效

单位国内生产总值二氧化碳排放强度比 2005 年下降 40% ~ 45%，能源消耗强度持续下降，资源产出率大幅提高，用水总量力争控制在 22.5 亿立方米，万元工业增加值新鲜水耗控制在 16 立方米，农田灌溉水有效利用系数提高到 0.6 以上，非化石能源占一次能源消费比重达到 8.5% 左右。

3. 生态环境质量总体改善

主要污染物排放总量继续减少，大气环境质量、水环境质量得到改善，饮用水安全保障水平持续提升，土壤环境质量总体保持稳定，环境风险得到有效控制。森林覆盖率达到 80% 以上，生态系统稳定性明显增强。

4. 生态文明重大制度基本确立

基本形成源头预防、过程控制、损害赔偿、责任追究的生态文明制度体系，林权交易制度、生态保护红线制度、生态保护补偿、环境污染第三方治理、生态文明干部评价考核制度、生态环境监测管理制度等制度建设取得决定性成果。

按照国家建设生态文明先行示范区的要求，结合三明实际情况，三明在经济发展质量、资源能源节约利用、生态建设与环境保护、生态文化培育、生态文明体制机制建设等方面的具体目标如表1所示。

表1　　　　　　　三明市深化生态文明建设目标体系

项目	序号	指标	2020 年目标
经济发展质量	1	人均 GDP（万元）	9
	2	城镇居民人均可支配收入（元）	44430
	3	第三产业占 GDP 比重（%）	40
资源能源节约	4	耕地保有量（万亩）	243.04
	5	农业灌溉水有效利用系数（%）	0.6
	6	万元工业增加值新鲜水耗（立方米/万元）	16
	7	单位 GDP 能耗（吨标煤/万元）	0.8
	8	非化石能源占一次能源比重（%）	8.5
	9	矿山地质环境恢复治理率（%）	50
	10	工业用水重复利用率（%）	85
	11	工业固体废物综合利用率（%）	≥90
生态建设与环境保护	12	林地保有量（万亩）	2832
	13	森林覆盖率（%）	77
	14	森林蓄积量（亿立方米）	1.5
	15	县城建成区绿化覆盖率（%）	≥43
	16	空气质量指数（AQI）达到优良天数比例（%）	90
	17	县级以上集中式饮用水源地水质达标率（%）	100
	18	城市生活污水集中处理率（%）	≥88
	19	主要污染物排放总量	低于国家平均值
	20	城市清洁能源使用率（%）	≥60
	21	生活垃圾无害化处理率（%）	≥95

项目	序号	指　标	2020 年目标
生态文化培育	22	生态文明知识普及率（％）	95
	23	党政干部参加生态文明培训的比例（％）	100
	24	中小学环境教育普及率（％）	≥90
体制机制建设	25	生态文明建设占党政绩效考核的比重（％）	20
	26	资源节约和生态环保投入占财政支出比例（％）	4
	27	环境信息公开率（％）	100

（四）福建三明深化生态文明建设路线

三明到 2020 年生态文明建设和经济社会发展的建设路线：以科学发展为主题，以加快转变、跨越发展为主线，以建设资源节约型、环境友好型社会为立足点，深入实施"生态立市"战略，大力发展绿色经济、循环经济和低碳产业，加快推进生态示范创建步伐，全面推进节能减排，持续加强生态环境保护，积极应对气候变化，提升生态文明水平，增创三明生态发展新优势，为建设开放三明、幸福三明奠定具有决定性意义的基础。

1. 三明生态产业发展总体思路

以"绿色发展、循环发展、低碳发展"理念为指导，逐步构建和完善"多园多链、多业共生、多元特色"的三明市生态产业发展模式。

工业按"多园多链、多业共生"构建发展，引导企业和项目向生态工业园区集中，促进相关企业在空间上集中、在生产中合作，合理延伸产业链条，提高产业共生关联度，逐步形成"多园多链、多业共生"的生态工业发展模式；农业以发展特色产业为核心，促进三明新农村建设与新型城镇化建设的协调、持续发展，逐步形成生态循环农业模式；服务业以"多元发展"为核心，坚持把发展现代服务业作为产业结构转型升级的重点，加快构建与新型工业化、新型城镇化相配套、与城乡居民需求相适应的现代服务业体系，逐步形成"以点成线，以线成面"的发展格局，带动三明市向生态、绿色、循环、低碳方向发展。通过三产联动，构建起以产业共生和物质循环为特征的生态产业经济体系，促进三明市不断优化产业结构，实现经济发展方式的转型升级。

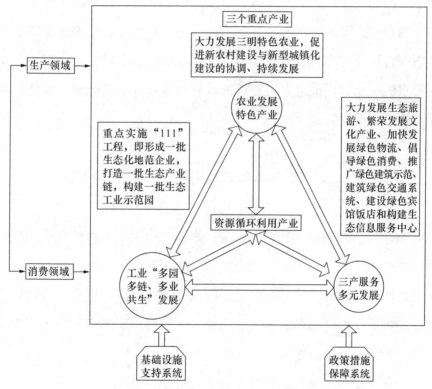

图2　三明生态产业发展总体思路示意图

2. 三明生态文明配套制度改革

生态文明建设需要建立系统完整的生态文明制度体系，实现用制度保护生态环境。三明生态文明制度体系的构建可按照下述逻辑框架进行：首先对自然资源和环境容量进行确权——接着促进自然资源和环境容量的有偿使用与交易——同时对自然资源和环境容量的使用以及交易过程中产生的外部性进行监管——最后对各主体执行生态文明制度的情况进行考核评价以及追责问责。三明在这一系列制度体系框架中都进行了先行探索，为进一步完善生态文明制度体系框架奠定了基础。

结合国家生态文明制度建设的要求以及三明市的实际情况，三明生态文明制度体系建设优先抓好三项工作：一是以林权制度改革为突破口的自然资源资产产权制度改革；二是以创新环境监测预警体系和生态联合执法为突破口的环境监管制度改革；三是以建立体现生态文明要求的干部考评机制为突破口的政府绩效考评制度改革。具体的改革路线图如图 3 所示。

三、以低碳为导向建设福建三明生态新城

2011 年，福建省人民政府批复《海西三明生态工贸区发展规划》，提出把三明生态工贸区建设成为海西先进制造业的重要基地、海西中部现代服务业的集聚地、海西重要的综合交通枢纽、福建中部宜居宜业中心城市、福建生态低碳发展示范区。海西三明生态工贸区成为福建省十大新增长区域之一。

为加快海西三明生态工贸区的开发建设，2013 年三明市市委、市政府决定在沙县设立三明生态新城，将三明生态新城作为海西三明生态工贸区的核心区，致力打造三明发展的新引擎、同城化的新载体、宜居宜业的新地域。三明生态新城地处三明市区与沙县的连接带，控制面积 300 平方公里，规划建设面积 96 平方公里，由"一带六区组

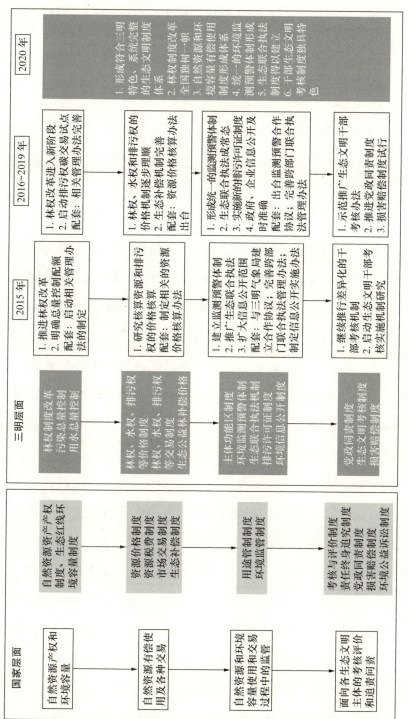

图 3　三明生态文明建设和生态文明制度体系改革路线图

成"，"一带"即三明至沙县沙溪沿河两岸生态休闲带，"六区"即中央商务区、现代物流园区、高新技术产业园区、空港经济区、现代农业科技示范园区和生态休闲度假区。

（一）生态新城战略定位

三明生态新城建设以低碳为导向，致力于创建国家级低碳生态产业园，并彰显出独特优势。

1. 交通优势

三明生态新城所在区域是全国 100 个、福建省 4 个重要交通枢纽之一，汇集了两条国道（205 国道、304 国道）、3 条高速公路（福银、长深、建设中的厦沙高速）和 3 条铁路（鹰厦、向莆、建设中的杭广快速铁路），还有三明机场（2015 年通航）、三明陆地港（集报关、保税、仓储、场装等港口服务功能于一体的综合物流中心）和沙溪河上院航运码头（沙溪河航运开通后，三明到福州可运输 300 吨货物），是海西内陆集水、陆、空、铁为一体的现代立体交通网络的重要枢纽。

2. 产业优势

三明生态新城工业基础雄厚，是国家大型机械装备高新技术产业化基地，有金沙园、现代物流园两个省级开发区和省级循环经济示范园金古园。目前入园规上企业达 300 多家，机械研究总院海西分院、中节能海西（三明）环保产业园、亚洲最大的刨花板生产线企业——大亚木业、世界第二大苯丙氨酸生产企业——福建麦丹生物集团有限公司、国内最大的筑路养路机械生产企业——厦工三重、双轮化机、辉煌重工等一批龙头企业落地建设。

3. 资源优势

三明生态新城所在区域森林资源丰富，森林覆盖率达 76.8%，是全国四个活立木蓄积量超过 1 亿立方米的设区市之一；水资源丰富，沙溪是福建母亲河闽江的上游，境内流域面积达 1800 平方公里，人均水资源拥有量是全国的 3.5 倍、福建省的 1.7 倍。旅游资源丰富，有两个世界级旅游品牌，50 多个国家级旅游品牌，沙县小吃是福建省的名片之一。

4. 政策优势

三明生态新城是三明生态工贸区的核心区域，享受三明生态工贸区系列政策。2011 年 11 月省政府出台了《促进三明生态工贸区产业发展的若干意见》，从产业发展、园区建设、基础设施建设、生态环境保护、教育事业发展等七大方面提出了 22 条具体扶持政策。三明市、沙县都出台了系列配套支持政策，加快推进三明生态新城开发建设。

三明生态新城是三明生态工贸区发展经济的先行区、体制创新的实验区、创业兴业的示范区，创建国家级低碳生态产业园，是原中央苏区跨越发展的重要举措、是老工业基地改造升级的重要手段、是南方林区保护性发展的重要保障，有利于提升三明生态优势，探索符合我国国情的生态园区建设模式，为全国山区地市生态产业发展、生态园区建设提供有益借鉴。

（二）"七三四" 建设框架

三明以"和谐共生、良性循环、全面发展、持续繁荣"的生态理念统领生态新城建设，推动园区低碳化、生态化、循环化建设，把产业发展融入城市建设和生态建设全过程，实现"以产促城、以城助产、产城融合"，使三明生态新城走上生产发展、生活富裕、生态优越的文明发展之路。建设的总体框架概括为"七大领域、三大层面、四个示范区域"。

1. 七大领域

指低碳生态、低碳空间、低碳交通、低碳建筑、低碳能源、低碳资源、低碳生活等七个相关领域，包含城市自然生态的安全格局、城市用地空间的布局、城市道路交通的组织、城市建筑标准的确定、城市产业类型的选择、城市清洁能源的利用、城市生活消费习惯的优化等内容。

2. 三大层面

（1）空间布局层面。生态新城以区域生态条件为本底，以现有产业为基础，以人地协调为准则，人工建筑融入自然环境，强调城市发展与自然要素的和谐统一。利用现状山、田、溪、河生态要素和完善的自然生态系统，强调人工开发与生态体系的融合，将城市功能跟自然生态环境分散结合起来。

（2）城市设计层面。在城市设计层面，主要通过风廊设计、绿色建筑推广、低冲击开发等方面来实现低碳的规划思路，提倡和推广绿色建筑。

（3）规划管理层面。引入风廊预留范围、低碳生态绿化指标、生态化市政指标、低碳绿色建筑指标、低碳空间布局导引及低碳交通组织导引等控制内容。

3. 四个示范区域

（1）"一产"示范区。以农业科技示范园为主，以现代设施农业技术与现代农业产业为主线，突出设施农业、高效农业、生态农业、休闲观光农业，打造高科技农业产业孵化的示范平台，引进新型农业经营主体、现代农业管理方式、集聚设施农业技术，建成集科技创新、技术示范、观光休闲为一体的新型农业科技示范园。

（2）"二产"示范区。以三明高新技术产业开发区金沙园为主导，以机科院海西分院和中节能环保产业园为引领，探索促进老区、苏区经济转型升级，科技型央企跨越发展的合作新模式，立足三明、服务海西、联络台港澳，围绕产业园"绿色、高端、智能"的定位，吸引国内优势企业和当地企业转型项目入驻，推动全市制造业和节能产业转型升级，争取经过 3 ~ 5 年的努力，把机科院海西分院和中节能环保产业园建设成为技术研发、成果转化、产业孵化和推广服务基地，成为科技型央企与地方深度合作的样板，争取金沙园高新技术产业开发区升级为国家级园区。至 2016 年，探索"创新驱动、科技带动产业"的园区建设新模式。

（3）"三产"示范区。以三明陆地港为引领，依托交通区位优势，发展现代物流产业，建设物流基地、商贸基地，包括集装箱物流、散货件杂货物流、大型仓储、产品配送中心、产品交易中心等配套产业。以现有的自然和人文景观为基础，以佛教文化和小吃文化为主线，积极拓展、融合周边旅游，在保护好原生态的基础上充分利用自然资源，高品位开发打造旅游精品、高强度促销塑造旅游形象，努力使旅游业成为三明经济发展的重要产业。

（4）低碳生态新城示范区。以生态新城核心区为主，在较为广泛的生态城市基础上更为明确地提出对能源使用和污染控制的要求，在城区建设的全生命周期内，在规划设计、施工建设和运营管理等不同环节，最大限度地实现节约资源（节能、节地、节水和节材）、保护环境和减少污染，为人们提供健康、高效和适用的城市空间，实现人与环境、人与人和谐共生的城区环境。通过对溪流、山地、林地的精心谋划，打造分布合理、人与自然交融的生态景观，构建"一湾清水、两岸绿色、山水和谐、城景交融"的格局，力争将三明生态新城建设成为环境优美、经济繁荣、功能完善的宜居、宜业的新城市。

（三）配套建设的措施

1. 加大工作推进力度

成立低碳生态产业园建设领导小组，由三明市委、市政府主要领导担任组长、副组长，负责决策、指导和协调低碳生态产业园建设。以提高碳生产力为核心，以低碳技术创新与应用为支撑，以提高碳管理能力为重点，以政策支撑和体制、机制创新为保障，聘请专家团队研究制定三明生态新城国家级低碳生态产业园区试点的工作方案。

2. 创新园区低碳管理模式

健全园区碳管理制度，增强低碳目标约束力，形成低碳生态园区创建合力。以绿色GDP作为园区的主要考核指标，根据功能区域的不同，采取差异化考核办法，要把资源消耗、环境损害、生态效益纳入经济社会发展评价体系，建立体现低碳发展要求的低碳产业园区评价体系，包括低碳指标体系（碳排放指标、能源指标、绿色建筑指标以及管理体系指标）；建设企业碳排放监测报告核查体系，完善企业碳排放数据管理和分析系统；在重点企业推行能源和碳排放管理体系，提升企业碳管理能力；探索低碳产品认证制度，鼓励企业积极参与碳交易等市场机制。

3. 夯实低碳产业发展基础

加快园区转变经济发展方式、调整产业结构、优化能源结构、节约能源和提高能效、发展可再生能源，强化园区在组织机构、政策措施、保障机制以及能源和碳排放统计、计量和监测体系构建等能力建设。完善园区空间布局，降低交通物流碳排放；加强基础设施低碳化、智能化改造，增强设施服务功能；完善垃圾收集和处置体系，提升废弃物资源化利用水平；加强厂房节能改造，推广普及绿色建筑。

4. 明确低碳产业发展方向

建立健全企业准入制度，对入园企业和新建项目实行低碳门槛管理，鼓励沿海设区市等发达地区企业实施符合产业发展规划和生态环保要求的产业转移。依托海峡两岸（三明）现代林业合作试验区、海峡两岸林业博览会等载体平台，加强对台经贸交流合作，着力引进台湾地区的先进低碳制造业、现代农业、现代林业、现代服务业和动漫产业等相关项目。通过试点建设，大力使用可再生能源，积极推广清洁新能源，加快园区建材、机械、化工、林产、轻纺和食品等行业低碳化改造；制定严格的低碳生产门槛，对高碳落后产能和企业进行强制性淘汰，使试点园区碳排放强度达到国内行业先进水平，引导和带动产业低碳发展。

5. 推行节能绿色建筑

积极争取低碳生态产业园建设政策支持，通过建筑节能与绿色建筑示范区建设，充分发挥建筑节能项目的集聚示范效应，促进建筑节能市场发展，逐步推动建筑节能由单项工程示范转向区域综合示范、由单项示范技术转向技术集成示范。将生态新城打造成为三明市加快转变经济发展方式、实现可持续发展的生态文明示范区和低碳城市的综合低碳试点示范区。

6. 强化生态环境保护

建立国土空间开发保护制度，完善最严格的耕地保护制度、水资源管理制度、环境保护制度。优先安排省水利建设基金用于三明生态流域的水利工程及三明生态新城内的水源工程建设，切实提高防洪能力和对闽江下游水资源保障能力。优先安排低碳生态产业园污水、垃圾处理基础设施建设项目申请中央相关补助资金。

7. 加大财政金融支持

争取省上有关部门对基础设施、社会事业、环境保护、防灾减灾、土地整理开发等方面的项目按最高标准予以补助。积极拓宽融资渠道。支持低碳生态产业园按照相关管理办法设立股权投资企业，加大对中小企业股权投资；积极支持符合条件的企业发行企业债、公司债、中期票据、短期融资券和中小企业集合债券；鼓励信托公司发行中小企业集合资金信托计划。完善并逐步扩大政策性农业保险，支持发展森林综合保险、环境保险和科技保险等专业保险品种。

8. 落实优惠政策

完善土地配套支持政策，增加和整合财政专项资金，加大对重点产业、重大项目、龙头企业、低碳生态产业的扶持力度。积极争取中央和省级技术创新、节能减排、科技保险补贴等专项资金；引导企业加大研发投入，增加科技专项、科研投入和成果转化资金，扩大企业技改项目补助资金规模，加大落实企业科技研发费用税前抵扣的力度，对企业科研设备实行加速折旧办法；财政性资金优先购买列入政府采购目录的自主创新产品。

执笔人：程会强　高世楫　王海芹　李维明